青少年法律
看图一点通

维权帮 著

中国法制出版社
CHINA LEGAL PUBLISHING HOUSE

致亲爱的读者

人的一生，不可避免地会遇到很多法律问题。衣食住行、婚姻继承、劳动就业……各个领域都蕴含着无尽的法律问题。但现实生活中，不少公民却法律意识淡薄，对一些关乎自身利益的法律知识一无所知或者一知半解。不懂法的结果就是：吃亏了都不知道怎么回事，被告上法庭还不知道自己错在哪儿，受了窝囊气却不知道如何维护权益，让公司辞退了却不知道怎样据理力争……

学习法律，是一件利人利己的事。随着 2020 年我国《民法典》的出台，全国上下掀起了一股学习法律的高潮，让法律服务生活、让法律规范秩序、让法律服务你我成为大众看待法律的新视角。越来越多的人愿意关注法律、依法办事和维权。

在此，为了帮助读者知法、懂法，进而更好地守法、用法，依法办事和维权，我们编写了"看图一点通"系列，本系列丛书的主要特色如下：

一、兼具全面性与时代性

丛书以读者的生活、工作、学习为出发点，设置了若干分册，基本覆盖了各领域的法律知识点，极具全面性；并且，丛书围绕如《民法典》《土地管理法》等新颁布或修正的法律，结合当前社会生活实际，提炼了大量"热点问题"，具有很强的现实意义，相信一定能给读者以代入感，从而激发读者学法的积极性。

二、大众能够看得懂

百姓不懂法，很大程度上是由于法律条文和法律图书枯燥难懂。本丛书尽力避免法律图书严谨有余而通俗不足的通病，将原本枯燥难懂的法律知识用短小、简单的案例表现出来。案情介绍简洁流畅，法律讲堂切中要害，对法律知识的解说深入浅出，避免使用艰深的法律术语，行文通俗，贴近百姓生活。同时，本丛书配有一些辅助理解的场景插画，能让读者朋友们轻轻松松读懂法律。

三、读者一定能用得上

丛书的每一个分册都涵盖了与该领域相关的重要的、常用的法律知识，选取的多是典型的真实案例。而法律讲堂部分给出的结论一般是法院通行的判决结果，并附有对应的法律条文依据。读者可以从中查询更多、收获更多。

四、方便阅读与检索

遇到法律问题后，读者朋友可以直接通过查询本书目录，找到相关问题，查看相关案例和点评，找到法律依据，还可以随用随查部分文书范本。本丛书就像是读者朋友的"私人法律顾问"，遇到法律问题"照方抓药"即可。

五、纠纷能得到顺利合理解决

丛书所选问题常见多发，所选案例典型常见，法律讲堂切中要点，法律依据来源准确，文书范本随用随查，还有"私人法律顾问"般的善意提醒和诉讼指导。有了这一切，相信您的麻烦和纠纷一定能得到顺利合理解决，您的烦恼也会一去不复返！

目录

第5章　家庭教育与抚养法律知识

第6章 青少年社会保护法律知识

第8章　与青少年有关的交通法律知识

— 第 1 章 宪法与依法治国法律知识 —

1. 学校有权拒绝接收残疾学生入学吗?

校长,您就让我们孩子来上学吧!

这个,恐怕有些不妥……

案例背景

小军因儿时发生意外导致右腿残疾,平时走路需要他人帮助,每天上学都是被父母送到学校,再由同学搀扶到教室。2019 年 3 月,由于父母工作单位调动,小军不得不转学到另一所初中学习。可是学校方面以小军身患残疾为由不同意小军进入学校学习。

学法有疑

残疾能成为学校拒绝学生接受教育的理由吗?

🌀 法律讲堂

　　小军由于身患残疾，在日常生活方面可能会遇到一些困难，但是学校不能因此随意剥夺小军接受教育的权利。受教育权是我国宪法和法律赋予公民的法定权利，不得因政治、民族、家庭出身、身体素质等原因而歧视学生。所以，学校不得以身体有残疾为由拒绝接收小军，相反，学校应为像小军这样的特殊孩子创造适合的学习条件，保证他们正常而平等地接受教育。

🌀 法律条文

《中华人民共和国宪法》

第四十六条　中华人民共和国公民有受教育的权利和义务。

国家培养青年、少年、儿童在品德、智力、体质等方面全面发展。

《中华人民共和国义务教育法》

第五十七条　学校有下列情形之一的，由县级人民政府教育行政部门责令限期改正；情节严重的，对直接负责的主管人员和其他直接责任人员依法给予处分：

　　（一）拒绝接收具有接受普通教育能力的残疾适龄儿童、少年随班就读的；

　　（二）分设重点班和非重点班的；

　　（三）违反本法规定开除学生的；

　　（四）选用未经审定的教科书的。

　　我国已形成了专门的法律制度来保障残疾人在政治、经济、文化、社会和家庭生活等方面享有同其他公民平等的权利，包括受教育权。学校应当严格按照国家有关法律规定接收残疾人入学，并为其提供必要的帮助。

2. 未成年人有权自己选择信不信宗教吗?

这个，我还没有想好。

乐乐，你也跟着
爸爸妈妈信教吧!

📞 案例背景

　　乐乐 12 岁，刚刚步入初中，其父母信仰基督教，是某市基督教协会的会员。乐乐从小就是一个心地善良、乐于助人的好孩子，父母觉得乐乐的性格非常适合成为基督教的教徒。于是，父母经常会和乐乐长时间聊天，希望乐乐信仰基督教。可是乐乐自己对信教一点兴趣都没有，他认为信不信教是自己的自由，自己有权利选择信不信教。

🌀 学法有疑

　　乐乐有权自己选择信不信教吗?

🌀 法律讲堂

　　根据《宪法》第三十六条第一款、第二款的规定，中华人民共和国公民有宗教信仰自由。任何国家机关、社会团体和个人不得强制公民信仰宗教或者不信仰宗教。由此可见，在我国，每个公民都有选择信仰宗教或者不信仰宗教的自由，也有选择信仰何种宗教的自由。这是《宪法》赋予公民的权利。所以，乐乐信不信教，是由其自身来决定的。如果他觉得自己对信教没有兴趣，可以不用考虑父母的话。

🌀 法律条文

《中华人民共和国宪法》

第三十六条　中华人民共和国公民有宗教信仰自由。

　　任何国家机关、社会团体和个人不得强制公民信仰宗教或者不信仰宗教，不得歧视信仰宗教的公民和不信仰宗教的公民。

　　国家保护正常的宗教活动。任何人不得利用宗教进行破坏社会秩序、损害公民身体健康、妨碍国家教育制度的活动。

　　宗教团体和宗教事务不受外国势力的支配。

　　宪法是我国的根本大法，具有最高法律效力，任何同宪法相抵触的做法都是无效的。未成年人平等地享有公民宗教信仰自由的权利，受我国宪法保护。

3. 未成年人有选举权吗?

因为你是未成年人,所以没有选举权。

为什么我都已经上初中了,但是还没有选举权?

🔹 案例背景

明明是一名初中二年级的学生,14 岁。他所在的村子进行村干部的选举,明明的爸爸、妈妈和姐姐都拿到了选民证,明明却没有,于是明明到村委会询问这件事。

🔹 学法有疑

明明为什么没有选民证?

🔹 法律讲堂

选举权和被选举权是我国宪法规定的赋予一定条件的公民的基本政治权利。选举权是指公民可以参加选举活动,按照本人的意志投票选举人大代表的权利;被选举权是指公民可以被提名为代表候选人,进而有可能被选举为人大代表。

　　根据《宪法》第三十四条的规定，中华人民共和国年满 18 周岁的公民，都有选举权和被选举权，但是依照法律被剥夺政治权利的人除外。《选举法》第四条也有类似规定。也就是说，年满 18 周岁的公民，除被剥夺政治权利的人外，都有选举权和被选举权。明明因为还未满 18 周岁，所以不具有选举权，也不具有被选举的权利。

🔍 法律条文

《中华人民共和国宪法》

　　第三十四条　中华人民共和国年满十八周岁的公民，不分民族、种族、性别、职业、家庭出身、宗教信仰、教育程度、财产状况、居住期限，都有选举权和被选举权；但是依照法律被剥夺政治权利的人除外。

《中华人民共和国全国人民代表大会和地方各级人民代表大会选举法》

　　第四条　中华人民共和国年满十八周岁的公民，不分民族、种族、性别、职业、家庭出身、宗教信仰、教育程度、财产状况和居住期限，都有选举权和被选举权。

　　依照法律被剥夺政治权利的人没有选举权和被选举权。

一句话说法

　　在我国，未成年人是不享有选举权与被选举权的。因为未成年人的心智尚未达到独立思维阶段，缺乏系统全面的政治观念，不能正确判断政治事务，所以难以承担起法律赋予的选举重担。

4. 言论自由的行使有什么限制?

老师，我们每个人都有言论自由。为什么我哥哥不能和大家聊自己的工作啊?

我们是有言论自由，但是自由不是绝对的。

📞 案例背景

　　小晨对自己的哥哥非常崇拜，总是在同学面前提起自己的哥哥在中科院的研究中心工作，非常厉害。同学们都以为小晨在吹牛，就怂恿他把哥哥约出来一起聊聊。于是，小晨为了证明自己没有吹牛，就将哥哥介绍给同学们认识。某日，小晨哥哥和大家聊着自己的职业，大家都对其赞不绝口，由于心情太激动，小晨哥哥把工作中一些不能透露的机密也说了出来。

🌀 学法有疑

　　言论自由的行使有什么限制?

法律讲堂

上述案例涉及言论自由。言论自由是指公民通过口头或者书面等各种语言形式表达其思想和见解的自由。

根据我国《宪法》第三十五条和第五十一条的规定，我国公民有言论、出版的自由。但是，法律也规定了对言论自由的限制，一般表现为：（1）不得侵犯他人的名誉权，否则构成诽谤；（2）不得侵犯他人的隐私权，否则构成侵权；（3）不得有淫秽等违反善良风俗的言论，不得损害社会利益；（4）不得泄露国家机密、损害国家和集体的利益、危害国家和集体的安全。

小晨哥哥泄露了国家机密，损害了国家利益，危害到国家安全，依照我国法律规定，应当承担一定的法律责任。

法律条文

《中华人民共和国宪法》

第三十五条　中华人民共和国公民有言论、出版、集会、结社、游行、示威的自由。

第五十一条　中华人民共和国公民在行使自由和权利的时候，不得损害国家的、社会的、集体的利益和其他公民的合法的自由和权利。

一句话说法

任何自由都不是绝对的，都要受到一定的限制。言论自由只有在法律允许的范围内行使，才会受到法律的保护。一旦损害到国家、社会、集体和他人的合法权益，就需要承担法律责任，受到相应的处罚。

5. 侮辱他人需要承担法律责任吗?

案例背景

　　小敏因小时候的一场火灾导致面部毁容，虽然经过几次整形手术，但其容貌仍有缺陷。小敏以优异的成绩考上了县一中，入学后，被安排与吴某一桌。吴某平时就是一个高傲的女生，一天，小敏不小心把水洒在了吴某的书上，吴某对小敏破口大骂，甚至对小敏进行人格上的侮辱，其他一些同学也开始嘲笑小敏的容貌。这件事导致小敏整天躲在家里，后被医生确诊为抑郁症。

学法有疑

　　小敏被他人侮辱导致患上抑郁症，能否获得法律上的帮助呢?

法律讲堂

　　吴某侵犯了小敏的人格尊严，应当承担相应的法律责任。人格尊严是指公民的名誉和公民作为一个人应当受到他人最起码的尊重。我国《宪法》第三十八条规定，中华人民共和国公民的人格尊严不受侵犯。禁止用任何方法对公民进行侮辱、诽谤和诬告陷害。

　　侵犯他人的人格尊严，会对其身心健康、精神状态产生消极影响，甚至可能造成他人自杀、精神失常等严重后果。所以，我国《宪法》明确规定保护公民的人格尊严。根据《民法典》第一百二十条的规定，自然人的民事权益受到侵害的，被侵权人有权请求侵权人承担侵权责任。本案中，小敏因被吴某侮辱而患上抑郁症，吴某已经对她造成了伤害，应当承担一定的法律责任。由于吴某还未满18周岁，是限制民事行为能力人，根据《民法典》第一千一百八十八条的规定，应由吴某的父母承担相应的赔偿责任。如果吴某有自己的独立财产，应当先由吴某自己支付。

🌀 法律条文

《中华人民共和国宪法》

　　第三十八条　中华人民共和国公民的人格尊严不受侵犯。禁止用任何方法对公民进行侮辱、诽谤和诬告陷害。

《中华人民共和国民法典》

　　第一百二十条　民事权益受到侵害的，被侵权人有权请求侵权人承担侵权责任。

　　第九百九十条　人格权是民事主体享有的生命权、身体权、健康权、姓名权、名称权、肖像权、名誉权、荣誉权、隐私权等权利。

　　除前款规定的人格权外，自然人享有基于人身自由、人格尊严产生的其他人格权益。

　　第九百九十一条　民事主体的人格权受法律保护，任何组织或者个人不得侵害。

　　第一千一百八十八条　无民事行为能力人、限制民事行为能力人造成他人损害的，由监护人承担侵权责任。监护人尽到监护职责的，可以减轻其侵权责任。

　　有财产的无民事行为能力人、限制民事行为能力人造成他人损害的，从本人财产中支付赔偿费用；不足部分，由监护人赔偿。

　　人格权包括公民的生命权、健康权、身体权、姓名权、肖像权、名誉权、荣誉权、隐私权等。我国宪法明确规定公民的人格尊严不受侵犯，任何违法行为都将受到法律的惩罚。

6. 未成年人的人身自由能够被非法剥夺吗?

📞 案例背景

小浩是一名初中二年级的学生,他不仅上课不认真听讲,还经常迟到,让老师家长都很头疼。某日,小浩再一次迟到了,而第一节正好是班主任王老师的课。王老师见小浩又迟到,非常生气。于是,王老师把小浩关在一间无人住的宿舍里,让他一天都不能走出这间宿舍,在里边好好反省,且警告小浩不许将学校里发生的事告诉家长。

🌀 学法有疑

班主任王老师的这种做法对吗?

🌀 法律讲堂

人身自由是神圣不可侵犯的。我国《宪法》第三十七条明确规定,公民的人身自由不受侵犯。未经人民检察院批准或人民法院决定、公安机关执行,任何公民不受逮捕。禁止非法拘禁和以其他方法非法剥夺或者限制公民的人身自由。我国《刑法》第二百三十八条第一款也明确规定:"非法拘禁他人或者以其他方法非法剥夺他人人身自由的,处三年以下有期徒刑、拘役、管制或者剥夺政治权利。具有殴打、侮辱情节的,从重处罚。"未成年人的人身自由依法受到保护,任何人都无权剥夺。因此,王老师的做法肯定是不对的。

🌊 法律条文

《中华人民共和国宪法》

第三十七条　中华人民共和国公民的人身自由不受侵犯。

任何公民,非经人民检察院批准或者决定或者人民法院决定,并由公安机关执行,不受逮捕。

禁止非法拘禁和以其他方法非法剥夺或者限制公民的人身自由，禁止非法搜查公民的身体。

《中华人民共和国刑法》

第二百三十八条　非法拘禁他人或者以其他方法非法剥夺他人人身自由的，处三年以下有期徒刑、拘役、管制或者剥夺政治权利。具有殴打、侮辱情节的，从重处罚。

犯前款罪，致人重伤的，处三年以上十年以下有期徒刑；致人死亡的，处十年以上有期徒刑。使用暴力致人伤残、死亡的，依照本法第二百三十四条、第二百三十二条的规定定罪处罚。

为索取债务非法扣押、拘禁他人的，依照前两款的规定处罚。

国家机关工作人员利用职权犯前三款罪的，依照前三款的规定从重处罚。

人身自由权是公民的一项十分重要的权利，是公民行使其他权利的前提和基础。人身自由权作为一项重要的宪法权利，受到法律的保护，包括未成年人在内的任何公民非经法定程序，其人身自由不得被限制和剥夺。

7. 14 岁的初中生有纳税义务吗?

大家认为,轩轩需要交税吗?

老师,我还是未成年人,应该是不用交税的。

📞 案例背景

轩轩是初中二年级学生,从小就爱好写作,由于文笔非常好,小小年纪就已经发表了许多文章。同时,也获得了可观的稿费,同学们都很羡慕轩轩。后来,老师却提出一个问题,轩轩得到稿费时,有没有依据我国《宪法》和《个人所得税法》的相关规定去交税呢?

💧 学法有疑

轩轩得到的稿费也要交税吗?

💧 法律讲堂

依法纳税是宪法规定的一项基本义务。无论是公民还是企业,作为纳税人，都应该了解自己在纳税方面负有哪些法定的义务。

虽然中学生还处于求学阶段，没有正常的固定收入，但并不排除有少数中学生利用课余或者寒暑假的时间，从各种渠道取得某些临时性收入的可能性。轩轩利用业余时间创作所得的稿费就属于上述情况。只要这些收入的数额达到国家规定的税收起征点，就应该交纳个人所得税。我国现行的个人所得税法并未从年龄上排除未成年人的纳税义务。因此，尽管轩轩还在上初中，但只要他有个人收入，并符合国家规定的征税条件，就应该依法交税。

📖 法律条文

《中华人民共和国宪法》

第五十六条　中华人民共和国公民有依照法律纳税的义务。

《中华人民共和国个人所得税法》

第二条　下列各项个人所得，应当缴纳个人所得税：

……

（三）稿酬所得；

……

我国税收的基本原则是取之于民，用之于民。公民向国家纳税，是实现人民民主专政的国家职能所必需的，是一项光荣的义务。

8. 出身不好就不能服兵役了吗?

你出身不好,不能当兵。

为什么我不能服兵役?

🔖 案例背景

　　小帅因学习不好,初中毕业后就没有再继续读书,而是整天和一帮辍学的孩子混在一起。小帅的父母怕这样下去会耽误孩子,决定将小帅送到部队去当兵。但村主任赵某说,小帅的爷爷曾因偷东西进过监狱,小帅出身不好,所以他不能去当兵。

◯ 学法有疑

　　村主任的说法对吗?公民服兵役需要看其出身吗?

◯ 法律讲堂

　　根据我国《兵役法》第三条的规定,服兵役不分民族、种族、职业、家庭出身、宗教信仰和教育程度。但是，有严重生理缺陷或者严重残疾不适合服兵役的人，可以不用服兵役。被依法剥夺政治权利的人，是不能够服兵役的。所以，村主任的说法是错的。小帅不应该受到他爷爷的影响，小帅能否当兵只跟其自身条件有关。

🌀 法律条文

《中华人民共和国兵役法》

第三条 中华人民共和国公民，不分民族、种族、职业、家庭出身、宗教信仰和教育程度，都有义务依照本法的规定服兵役。

有严重生理缺陷或者严重残疾不适合服兵役的人，免服兵役。

依照法律被剥夺政治权利的人，不得服兵役。

一句话说法

服兵役是公民保卫祖国、抵抗侵略的最直接方式，也是每一个公民义不容辞的光荣职责。服兵役除了需要满足征兵对身体、年龄等各方面的要求外，不应受到民族、种族、职业、家庭出身、宗教信仰和教育程度等因素影响。

── 第 2 章　青少年违法犯罪法律知识 ──

9. 初中生放火产生严重后果的，要承担法律责任吗?

应该会。他故意放火，给学校造成了严重损失。

老师，小明真的会受到处罚吗?

📞 案例背景

　　小龙与小明都是初中二年级的学生。某日，小龙不小心推翻了小明课桌上的书，却没有道歉，于是小明与小龙争吵起来，两人厮打在一起。老师得知此事后非常生气，当着全班同学的面把小龙和小明狠狠地批评了一顿。小明觉得在班里丢了面子，心里很不满意。

于是，趁放学后没人，小明偷偷在教室里放了一把火，导致教室所在的楼层大部分被烧坏。后来经过有关部门调查确认，小明放火属实，小明也因此受到了应有的处罚。

🌊 学法有疑

初中生放火产生严重后果的，要承担法律责任吗？

🌊 法律讲堂

根据我国《刑法》第十七条第二款规定，已满 14 周岁不满 16 周岁的人，犯故意杀人、故意伤害致人重伤或者死亡、强奸、抢劫、贩卖毒品、放火、爆炸、投放危险物质罪的，应当负刑事责任。因为达到这个年龄段的人，已经具备了一定的辨别是非和控制自己重大行为的能力，即对某些严重危害社会的行为具备一定的辨认和控制能力。案例中，小明如果在放火的时候年满 14 周岁，是要负刑事责任的。根据《刑法》第一百一十五条的规定，放火、决水、爆炸、投毒或者以其他危险方法致人重伤、死亡或者使公私财产遭受重大损失的，处 10 年以上有期徒刑、无期徒刑或者死刑。但是《刑法》第十七条第四款也规定，对依照规定追究刑事责任的不满 18 周岁的人，应当从轻或者减轻处罚。

🌊 法律条文

《中华人民共和国刑法》

第十七条　已满十六周岁的人犯罪，应当负刑事责任。

已满十四周岁不满十六周岁的人，犯故意杀人、故意伤害致人重伤或者死亡、强奸、抢劫、贩卖毒品、放火、爆炸、投放危险物质罪的，应当负刑事责任。

已满十二周岁不满十四周岁的人，犯故意杀人、故意伤害罪，致人死亡或者以特别残忍手段致人重伤造成严重残疾，情节恶劣，经最高人民检察院核准追诉的，应当负刑事责任。

对依照前三款规定追究刑事责任的不满十八周岁的人，应当从轻或者减轻处罚。

因不满十六周岁不予刑事处罚的，责令其父母或者其他监护人加以管教；在必要的时候，依法进行专门矫治教育。

第一百一十五条 放火、决水、爆炸以及投放毒害性、放射性、传染病病原体等物质或者以其他危险方法致人重伤、死亡或者使公私财产遭受重大损失的，处十年以上有期徒刑、无期徒刑或者死刑。

过失犯前款罪的，处三年以上七年以下有期徒刑；情节较轻的，处三年以下有期徒刑或者拘役。

对于未成年人犯罪，我国坚持教育、感化、帮助的方针，无论是在定罪上还是在量刑上，都坚持了从轻、减轻的原则。但这并不意味着未成年人对自己的所有违法犯罪行为均不承担刑事责任，对于放火犯罪，14周岁以上未成年人也要负相应刑事责任。此外，根据我国《刑法修正案（十一）》，自2021年3月1日起，未成年人年满12周岁不满14周岁，犯故意杀人、故意伤害罪，致人死亡或者以特别残忍手段致人重伤造成严重残疾，情节恶劣，经最高人民检察院核准追诉的，也应当负刑事责任。

10. 未成年人抢劫会受到法律的惩罚吗?

🔖 案例背景

小宇的父母在小宇上小学的时候就离婚了,从那以后,小宇的脾气变得越来越坏,性格强横。上初中后的小宇不仅整天逃学,还和社会上的不良青年混在了一起。初三时的某日,小宇去网吧上网,但身上的钱不够,又不想和父母要,于是在放学的路上抢劫了其他同学的钱。被抢同学将此事告诉了家长,并报案。

🌀 学法有疑

那么,小宇抢劫他人会受到法律的惩罚吗?

🌀 法律讲堂

根据我国法律规定,抢劫他人财物是要受到法律的制裁的,即使是未成年人也不例外。我国《刑法》第十七条规定,已满 14 周岁不满 16 周岁的人,犯故意杀人、故意伤害致人重伤或者死亡、强奸、抢劫、贩卖毒品、放火、爆炸、投放危险物质罪的,应当负刑事责任。对依照该款规定追究刑事责任的不满 18 周岁的人,应当从轻或者减轻处罚。因不满 16 周岁不予刑事处罚的,责令他的家长或者监护人加以管教;在必要的时候,依法进行专门矫治教育。由此可见,对抢劫行为来说,犯罪时达到 14 周岁就要负刑事责任。小宇抢劫他人财物时已经上初三,一般来讲应该年满 14 周岁,是要追究刑事责任的,但是因为小宇是未成年人,所以按照法律规定在量刑时应当从轻或减轻处罚。

🌊 法律条文

《中华人民共和国刑法》

第十七条 已满十六周岁的人犯罪,应当负刑事责任。

已满十四周岁不满十六周岁的人，犯故意杀人、故意伤害致人重伤或者死亡、强奸、抢劫、贩卖毒品、放火、爆炸、投放危险物质罪的，应当负刑事责任。

已满十二周岁不满十四周岁的人，犯故意杀人、故意伤害罪，致人死亡或者以特别残忍手段致人重伤造成严重残疾，情节恶劣，经最高人民检察院核准追诉的，应当负刑事责任。

对依照前三款规定追究刑事责任的不满十八周岁的人，应当从轻或者减轻处罚。

因不满十六周岁不予刑事处罚的，责令其父母或者其他监护人加以管教；在必要的时候，依法进行专门矫治教育。

第二百六十三条 以暴力、胁迫或者其他方法抢劫公私财物的，处三年以上十年以下有期徒刑，并处罚金；有下列情形之一的，处十年以上有期徒刑、无期徒刑或者死刑，并处罚金或者没收财产：

（一）入户抢劫的；

（二）在公共交通工具上抢劫的；

（三）抢劫银行或者其他金融机构的；

（四）多次抢劫或者抢劫数额巨大的；

（五）抢劫致人重伤、死亡的；

（六）冒充军警人员抢劫的；

（七）持枪抢劫的；

（八）抢劫军用物资或者抢险、救灾、救济物资的。

一句话说法

以暴力、胁迫或者其他方法抢劫他人财物的行为，其社会危害性极大，行为性质也非常恶劣，因此，我国刑法规定，即使是未成年人实施了抢劫行为，也需要承担刑事责任。

11. 学校可以要求吸毒的未成年人退学吗？

这真的让我很为难，我们学校不能要这种吸毒的学生。

校长，拜托您千万不要开除我们的孩子，他还小，请您给他一次机会吧！

📞 案例背景

　　小鹏的父母在其上小学时就进城打工了，之后小鹏跟随奶奶生活。由于奶奶身体不好，对小鹏不能全方面管教，导致小鹏不仅整天逃学，还和社会上的不良青年混在一起。初一时，小鹏通过他人认识了一位叫王某强的人，王某强是一个吸毒人员，小鹏在他的教唆下开始吸食毒品。学校知道此事后，非常生气，勒令小鹏退学。小鹏的父母知道后，更是伤心。

🌀 学法有疑

　　请问，作为未成年人的小鹏能不能吸毒呢？学校可以开除吸毒的学生吗？

🌐 法律讲堂

在我国，无论是成年人还是未成年人，吸毒都是被法律禁止的。但是对于小鹏而言，由于他是不满 18 周岁的未成年人，法律对其吸毒行为免予处罚。同时，由于被唆使吸毒的小鹏本身也是受害者，学校不可采取放任自流或要求其退学等不负责的措施，更不可对小鹏采取歧视态度。学校、教师、家长应该对其加以关心和帮助，不应该放弃。小鹏吸毒上瘾，可以将小鹏送入戒毒中心进行治疗，以使他彻底摆脱吸毒的恶习。对于教唆小鹏吸毒的王某强，如果已具有刑事责任能力的，则应当追究其刑事责任。

🌀 法律条文

《中华人民共和国刑法》

第十七条第二款　已满十四周岁不满十六周岁的人，犯故意杀人、故意伤害致人重伤或者死亡、强奸、抢劫、贩卖毒品、放火、爆炸、投放危险物质罪的，应当负刑事责任。

第三百五十三条　引诱、教唆、欺骗他人吸食、注射毒品的，处三年以下有期徒刑、拘役或者管制，并处罚金；情节严重的，处三年以上七年以下有期徒刑，并处罚金。

强迫他人吸食、注射毒品的，处三年以上十年以下有期徒刑，并处罚金。

引诱、教唆、欺骗或者强迫未成年人吸食、注射毒品的，从重处罚。

《中华人民共和国治安管理处罚法》

第十二条　已满十四周岁不满十八周岁的人违反治安管理的，从轻或者减轻处罚；不满十四周岁的人违反治安管理的，不予处罚，但是应当责令其监护人严加管教。

第七十二条　有下列行为之一的，处十日以上十五日以下拘留，可以并处二千元以下罚款；情节较轻的，处五日以下拘留或者五百元以下罚款：

（一）非法持有鸦片不满二百克、海洛因或者甲基苯丙胺不满十克或者其他少量毒品的；

（二）向他人提供毒品的；

（三）吸食、注射毒品的；

（四）胁迫、欺骗医务人员开具麻醉药品、精神药品的。

　　吸食毒品的行为不但有损人体健康，有悖社会公序良俗，更是违反法律的行为，吸毒者必须依法承担相应的法律责任。同时，引诱、教唆、欺骗、强迫他人吸食、注射毒品的，同样需要承担刑事责任。

12. 未成年人向色情网站提供淫秽物品牟利属于违法行为吗?

为什么？我只是给别人收集一点儿不健康的材料也违法吗？

小春，你不能这样做，你的这种做法是违法的。

📞 案例背景

小春13岁了，是一个计算机爱好者。在课余的时间里，小春经常沉浸在网络中，还自主开发了一些益智小游戏。小春的父母认为小春在计算机方面有天赋，所以也没有限制小春上网。一次，小春的电脑上出现了一个色情网站的页面，好奇心强的小春点击了该网页，在线客服告诉小春可以通过提供相关材料挣大钱。小春禁不住诱惑，偷偷地收集了一些色情小故事卖给了色情网站，得到一万块钱。

🔵 学法有疑

小春向色情网站提供不健康的材料违法吗？

🌀 法律讲堂

　　随着信息时代的到来，人们获得信息的方式变得日益多元化和复杂化，但是各种不健康信息也随之而来。许多中小学生由于自身分辨能力差，加上家庭、学校、社会的监管措施不到位，被各种不健康信息乘虚而入，严重影响了他们的健康成长，而小春就是受害者之一。那么，向色情网站提供不健康的信息违法吗？答案是肯定的，根据我国《刑法》和《治安管理处罚法》的相关规定，向色情网站上传不健康信息的行为属于传播淫秽信息的行为，是非法行为，应当根据其情节轻重和违法的严重程度，受到治安管理处罚或刑事处罚。但是，本案中，由于小春未满 14 周岁，不具有承担相应责任的能力，他的行为并不会受到刑事处罚，也不会受到治安管理处罚。但是，有关部门会责令小春的家长对其严加管教。

🌀 法律条文

《中华人民共和国治安管理处罚法》

　　第六十八条　制作、运输、复制、出售、出租淫秽的书刊、图片、影片、音像制品等淫秽物品或者利用计算机信息网络、电话以及其他通讯工具传播淫秽信息的，处十日以上十五日以下拘留，可以并处三千元以下罚款；情节较轻的，处五日以下拘留或者五百元以下罚款。

《中华人民共和国刑法》

　　第三百六十三条　以牟利为目的，制作、复制、出版、贩卖、传播淫秽物品的，处三年以下有期徒刑、拘役或者管制，并处罚金；情节严重的，处三年以上十年以下有期徒刑，并处罚金；情节特别严重的，处十年以上有期徒刑或者无期徒刑，并处罚金或者没收财产。

　　为他人提供书号，出版淫秽书刊的，处三年以下有期徒刑、拘役或者管制，并处或者单处罚金；明知他人用于出版淫秽书刊而提供书号的，依照前款的规定处罚。

　　第三百六十四条　传播淫秽的书刊、影片、音像、图片或者其他淫秽物品，情节严重的，处二年以下有期徒刑、拘役或者管制。

组织播放淫秽的电影、录像等音像制品的，处三年以下有期徒刑、拘役或者管制，并处罚金；情节严重的，处三年以上十年以下有期徒刑，并处罚金。

制作、复制淫秽的电影、录像等音像制品组织播放的，依照第二款的规定从重处罚。

向不满十八周岁的未成年人传播淫秽物品的，从重处罚。

一句话说法

制作、传播淫秽物品本身就属于违法行为，如果以制作、传播淫秽物品牟利，将会受到更为严厉的刑事处罚。向色情网站提供不健康信息的行为也应当认定为是在传播淫秽物品，行为人应当对此承担相应责任。

13. 未成年人虐待家庭成员属于违法行为吗?

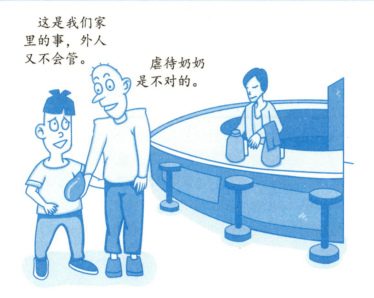

🔖 案例背景

　　小磊是家里的独子,爸爸妈妈对他一直娇生惯养,爷爷奶奶对他更是溺爱,导致他成了家里的小霸王,从来都是说一不二。小磊上初中一年级后,他的爸爸妈妈就到外地做生意去了,小磊一直和爷爷奶奶一起生活。虽然爷爷奶奶很溺爱小磊,但因为担心他,对他的行动经常要问个明白。小磊对爷爷奶奶的关心非常厌烦,经常大吵大骂,有时还会对奶奶大打出手,奶奶身上经常是青一块紫一块的。而奶奶因为溺爱孙子,从来都是忍气吞声,直到有一天小磊的老师来家访,才发现这一情况。

🌀 学法有疑

　　那么,小磊的行为属于虐待吗?他的做法是违法的吗?

法律讲堂

所谓虐待家庭成员，是指行为人对共同生活的家庭成员，经常性地以打骂、捆绑、冻饿、限制人身自由、凌辱人格、不给治病、强迫过度劳动等方式，从精神上和肉体上进行摧残迫害，情节恶劣的行为。我国法律明令禁止家庭成员之间虐待，虐待亲人的行为可能构成犯罪。根据我国《刑法》第二百六十条的规定，小磊的行为已经构成了虐待，是法律所不允许的。

虐待罪属于"不告不理"的罪名，一般只有在受害人或受害人家属控告的情况下，法院才会受理。此外，小磊又是未成年人，不会被追究刑事责任。但是，无论怎么说，虐待亲人都是违法的。而且，若虐待致人重伤或死亡，就会转变成公诉案件，不再是"不告不理"。对于小磊虐待奶奶的行为，小磊的父母要进行批评教育，防止其以后再犯。

法律条文

《中华人民共和国刑法》

第二百六十条　虐待家庭成员，情节恶劣的，处二年以下有期徒刑、拘役或者管制。

犯前款罪，致使被害人重伤、死亡的，处二年以上七年以下有期徒刑。

第一款罪，告诉的才处理，但被害人没有能力告诉，或者因受到强制、威吓无法告诉的除外。

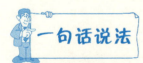

一句话说法

虐待家庭成员的行为不但侵犯了家庭成员之间的平等权利，同时也侵犯了受害人的人身权利，其行为已经构成犯罪，应当受到刑事处罚。但由于该罪涉及的是亲属关系之间的权益，因此法律又给予了受害人一种选择告诉的权利，通常情况下，受害人不予告诉，法律即不追究行为人的刑事责任。

14. 未成年人帮助小偷"把风"构成犯罪吗?

📞 案例背景

小军 13 岁,是一名"问题少年"。上初中后,小军经常出入网吧,并且在网吧里认识了无业青年韩某。韩某玩网游的技术很好,小军对其非常崇拜,经常跟在韩某的身后讨教。一天,韩某看到小军因身上没钱而不能玩游戏,就告诉小军,有一个办法能让小军经常玩游戏,只要在韩某偷东西时给其把风就行,他会将偷到的东西分给小军一些。小军听完后二话没说就同意了韩某的提议。于是,韩某踩好点后带着小军到某小区行窃,小军负责把风。

🌀 学法有疑

那么,小军这种为小偷把风的行为是否构成犯罪?

🌀 法律讲堂

为小偷把风实际上已经与小偷达成一致的故意，属于盗窃的共犯，会被以盗窃罪定罪处罚。本案中，小军为小偷韩某把风，虽然没有具体实施盗窃行为，但是同样是在盗窃他人财物，只是二人分工不同。因此，二人的行为属于共同盗窃，应当以盗窃罪定罪处罚。由于小军现年13岁，尚不够承担刑事责任的年龄，我国法律对这样的未成年人予以特殊保护，所以小军不会被判处刑罚，但是家长应对其严加管教。

如果青少年因为法律对其保护而故意去触犯法律的底线，这样只会自食恶果，最终害人害己。有些青少年法律意识薄弱，不学法、不知法，对于犯罪行为辨识能力较差，容易受到成年犯罪分子的教唆、引诱而实施违法行为。因此，应引导青少年多学习基本的法律知识，特别要警惕身边坏人的教唆，绝不能不分好坏，跟着他人去做违法乱纪的事。

🌀 法律条文

《中华人民共和国刑法》

第二百六十四条　盗窃公私财物，数额较大的，或者多次盗窃、入户盗窃、携带凶器盗窃、扒窃的，处三年以下有期徒刑、拘役或者管制，并处或者单处罚金；数额巨大或者有其他严重情节的，处三年以上十年以下有期徒刑，并处罚金；数额特别巨大或者有其他特别严重情节的，处十年以上有期徒刑或者无期徒刑，并处罚金或者没收财产。

一句话说法

未成年人由于心智、身体尚未发育成熟，对自己行为的辨认和控制能力都较弱，更容易受到违法犯罪分子的教唆、引诱。未成年人因此而实施了严重的违法行为，也可能面临刑事处罚。

第 3 章　未成年人司法保护法律知识

15. 在讯问未成年犯罪嫌疑人方面，法律有什么特殊规定？

📎 案例背景

小王的父母都在外地打工，小王则是跟随爷爷奶奶生活，由于爷爷奶奶溺爱孙子，导致小王成了问题少年，跟随社会上的不良青年学会了偷东西。某天，小王想去网吧上网却没有钱，于是想着去弄点钱。小王来到一家冷饮店，趁老板未注意的时候将其挎包偷走。没想到过了两天，警察便根据线索找到了小王。原来他偷走的挎包里有近 7000 元现金和价值 5000 元的手机。但考虑到小王未满 18 周岁，警方在讯问小王之前通知了他的父母到场。

🌀 学法有疑

那么，警方的做法正确吗？法律对讯问未成年犯罪嫌疑人有什么特殊规定？

🌀 法律讲堂

警方的做法是正确的。我国《未成年人保护法》第一百一十条第一款规定，公安机关、人民检察院、人民法院讯问未成年犯罪嫌疑人、被告人，询问未成年被害人、证人，应当依法通知其法定代理人或者其成年亲属、所在学校的代表等合适成年人到场，并采取适当方式，在适当场所进行，保障未成年人的名誉权、隐私权和其他合法权益。《刑事诉讼法》第二百八十一条第一款也规定，对于未成年人刑事案件，在讯问和审判的时候，应当通知未成年犯罪嫌疑人、被告人的法定代理人到场。本案中，小王作为未成年犯罪嫌疑人，警方在讯问时应当通知他的父母到场。另外，若是讯问女性未成年犯罪嫌疑人，还应当有女工作人员在场。

🌀 法律条文

《中华人民共和国未成年人保护法》

第一百一十条　公安机关、人民检察院、人民法院讯问未成年犯罪嫌疑人、被告人，询问未成年被害人、证人，应当依法通知其法定代理人或者其成年亲属、所在学校的代表等合适成年人到场，并采取适当方式，在适当场所进行，保障未成年人的名誉权、隐私权和其他合法权益。

人民法院开庭审理涉及未成年人案件，未成年被害人、证人一般不出庭作证；必须出庭的，应当采取保护其隐私的技术手段和心理干预等保护措施。

《中华人民共和国刑事诉讼法》

第二百八十一条 对于未成年人刑事案件，在讯问和审判的时候，应当通知未成年犯罪嫌疑人、被告人的法定代理人到场。无法通知、法定代理人不能到场或者法定代理人是共犯的，也可以通知未成年犯罪嫌疑人、被告人的其他成年亲属，所在学校、单位、居住地基层组织或者未成年人保护组织的代表到场，并将有关情况记录在案。到场的法定代理人可以代为行使未成年犯罪嫌疑人、被告人的诉讼权利。

……

讯问女性未成年犯罪嫌疑人，应当有女工作人员在场。

……

询问未成年被害人、证人，适用第一款、第二款、第三款的规定。

一句话说法

讯问、审判未成年犯罪嫌疑人、被告人时，有监护人在场，这是公安机关、检察院、法院的一项程序性义务，没有通知监护人到场的情形属于程序违法。之所以这样规定，是为了在程序上保障未成年人的合法权益。

16. 未成年人犯罪后又自首的，可以免除刑事处罚吗?

你的行为已涉嫌构成寻衅滋事罪。

我昨天因为喝醉酒，打伤了人。现在很后悔，所以来自首。

🔎 案例背景

小宽就读于某校高中二年级，由于父母常年在外地打工，没时间管教孩子，所以天生好玩的小宽学习成绩一直很差，但本性不坏。2020 年 1 月的一天，朋友叫小宽出去聚餐，几杯酒下肚后小宽就喝醉了。醉酒的小宽不小心撞到了邻桌一个女孩的身上，该女孩的男朋友非常生气，便与小宽争吵起来。后来小宽先动起手来，小宽的朋友见状后也蜂拥而上，将该男子打伤。等警察赶来，小宽等人已经逃跑了。第二天，小宽觉得自己确实是无理取闹，于是主动去派出所自首。

🔵 学法有疑

小宽当时未满 18 周岁，对于犯罪后主动自首的他，可以免除刑事处罚吗?

🌀 法律讲堂

对小宽是可以免除处罚的。根据《最高人民法院关于审理未成年人刑事案件具体应用法律若干问题的解释》第十七条的规定，未成年罪犯根据其所犯罪行，可能被判处拘役、3 年以下有期徒刑，如果悔罪表现好，并且犯罪后有自首或立功表现，应当依照《刑法》第三十七条的规定免予刑事处罚。本案中，小宽涉嫌寻衅滋事罪，按情节可以处 3 年以下有期徒刑，但小宽犯罪后有悔罪表现，酒醒后主动到派出所自首，符合犯罪后自首的条件，因此应当免予刑事处罚。

🌀 法律条文

《最高人民法院关于审理未成年人刑事案件具体应用法律若干问题的解释》

第十七条 未成年罪犯根据其所犯罪行，可能被判处拘役、三年以下有期徒刑，如果悔罪表现好，并具有下列情形之一的，应当依照刑法第三十七条的规定免予刑事处罚：

（一）系又聋又哑的人或者盲人；

（二）防卫过当或者避险过当；

（三）犯罪预备、中止或者未遂；

（四）共同犯罪中从犯、胁从犯；

（五）犯罪后自首或者有立功表现；

（六）其他犯罪情节轻微不需要判处刑罚的。

《中华人民共和国刑法》

第三十七条 对于犯罪情节轻微不需要判处刑罚的，可以免予刑事处罚，但是可以根据案件的不同情况，予以训诫或者责令具结悔过、赔礼道歉、赔偿损失，或者由主管部门予以行政处罚或者行政处分。

一句话说法

免予刑事处罚的规定，一方面对成功挽救初犯、偶犯的失足青少年具有积极的作用和意义，但另一方面又可能使未成年人产生侥幸心理，对法律有恃无恐，不利于其真正悔罪和改过自新，也不利于引起家庭重视。因此，在实践中会根据具体案情来选择适用。

17. 普法节目有权披露未成年犯罪人的真实姓名吗?

我们做的是普法节目,所以无须按照你们的要求使用化名。

我们当时已经和你们说过,不要用孩子的真实姓名,可是你们在报道时依然使用了真实姓名。你们怎么可以这样做?

📞 案例背景

小林在 16 岁那年因抢劫罪被法院判处有期徒刑 3 年。在监狱里,小林真心悔过,认真改造,多次获得减刑,于 2020 年 2 月刑满释放。但出狱后不久,小林发现,每当他走在路上时,都会引来他人异样的眼光,小林觉得很难过。回家跟父母说起这件事,家人都怀疑是刚播出的普法节目暴露了他的身份。原来,小林在刑满后接受了某电视台普法栏目的采访,当时小林的父母向电视台要求过使用化名和做相关图像处理,但没想到的是,采访的字幕中用的全部是小林的真实姓名。

🌀 学法有疑

普法节目在报道未成年人犯罪案件时,可以披露未成年人的姓名吗?对此法律是如何规定的?

📘 法律讲堂

　　无论是什么节目，都不可以披露未成年犯罪人的姓名等身份信息。《未成年人保护法》第一百零三条规定，公安机关、人民检察院、人民法院、司法行政部门以及其他组织和个人不得披露有关案件中未成年人的姓名、影像、住所、就读学校以及其他可能识别出其身份的信息，但查找失踪、被拐卖未成年人等情形除外。由此可知，新闻报道等不仅不能使用未成年人的真实姓名，其他任何可能识别出该未成年人身份的信息也均不得披露。本案中，电视台在字幕中披露了小林的身份，给小林及家人带来了巨大的伤害。小林及其父母可依照法律维护自身权益，要求电视台承担相应的损害赔偿责任。

🔵 法律条文

《中华人民共和国未成年人保护法》

　　第四十九条　新闻媒体应当加强未成年人保护方面的宣传，对侵犯未成年人合法权益的行为进行舆论监督。新闻媒体采访报道涉及未成年人事件应当客观、审慎和适度，不得侵犯未成年人的名誉、隐私和其他合法权益。

　　第一百零三条　公安机关、人民检察院、人民法院、司法行政部门以及其他组织和个人不得披露有关案件中未成年人的姓名、影像、住所、就读学校以及其他可能识别出其身份的信息，但查找失踪、被拐卖未成年人等情形除外。

一句话说法

　　未成年人的思想和行为都处于不定型阶段，他们的犯罪带有很大的或然性。对他们的犯罪记录进行保密，使得他们在以后的成长中，不会因为这样的记录耽误上学、工作，不会影响前程，这有利于未成年犯更好地回归社会。

18. 高中生结伙打人，能否不起诉负责望风的人?

案例背景

小飞是某高中的学生，性格开朗的他很喜欢交朋友，因此认识了同校同学小强，小强在学校里是出了名的小霸王，由于身材高大，又会跆拳道，所以学校里的大多数同学都怕他，自然身后有很多小跟班，小飞就是其中一位。某日，小强与同校王某因小事发生冲突，心里一直不痛快，于是叫了一些朋友打算教训王某。放学后，小强等人把王某堵在学校附近的一条胡同里，派小飞在胡同口望风，所幸未造成严重后果，王某只是有些瘀青。后王某父母得知此事立即报了案，小强等人一并被抓获。

学法有疑

那么，对小飞的行为，可以不起诉吗?

法律讲堂

根据《人民检察院办理未成年人刑事案件的规定》第二十六条的规定，对于犯罪情节轻微，在共同犯罪中起次要或者辅助作用的，依照刑法规定不需要判处刑罚或者免除刑罚的未成年犯罪嫌疑人，一般应当依法作出不起诉决定。同时，根据我国《刑事诉讼法》第十六条的规定，情节显著轻微、危害不大，不认为是犯罪的，属于不追究刑事责任的情形，已经追究的，应当撤销案件，或者不起诉，或者终止审理，或者宣告无罪。由此可知，本案中小飞等人的犯罪情节显著轻微，主观恶性较小，社会危害不大。而小飞在该案中只负责望风，起次要作用，因此对小飞应依法作出不起诉决定。

法律条文

《人民检察院办理未成年人刑事案件的规定》

第二十六条　对于犯罪情节轻微，具有下列情形之一，依照刑法规定不需要判处刑罚或者免除刑罚的未成年犯罪嫌疑人，一般应当依法作出不起诉决定：

（一）被胁迫参与犯罪的；

（二）犯罪预备、中止、未遂的；

（三）在共同犯罪中起次要或者辅助作用的；

（四）系又聋又哑的人或者盲人的；

（五）因防卫过当或者紧急避险过当构成犯罪的；

（六）有自首或者立功表现的；

（七）其他依照刑法规定不需要判处刑罚或者免除刑罚的情形。

《中华人民共和国刑事诉讼法》

第十六条 有下列情形之一的，不追究刑事责任，已经追究的，应当撤销案件，或者不起诉，或者终止审理，或者宣告无罪：

（一）情节显著轻微、危害不大，不认为是犯罪的；

……

一句话说法

刑事案件中，如果存在法定不予追究刑事责任的情形，就不应追究犯罪嫌疑人、被告人的刑事责任。诉讼开始前发现的，应当不立案。侦查阶段发现的，应当撤销案件。审查起诉阶段发现的，应当不起诉。审判阶段发现的，应当作出宣告无罪的判决。

19. 能否把服刑的未成年人与成年人关押在一起?

案例背景

　　未满 18 岁的小龙是一个让父母非常头疼的孩子,他结识了一帮不良社会青年,经常惹是生非,后因抢劫罪被某法院判处有期徒刑 3年。入狱后的小龙非常后悔,明白了自己所犯罪行给社会和他人造成的巨大危害,觉得对不起父母和关心自己的老师、同学,决心在监狱好好改造,出狱后重新做人。但小龙的父母担心小龙与那些成年的服刑人员关在一起,不但不会变好,反而可能走上严重的犯罪道路。

学法有疑

　　那么,小龙父母的担心有必要吗?

🌀 法律讲堂

　　小龙父母并不需要对此担心。我国《刑事诉讼法》第二百八十条第二款规定，对被拘留、逮捕和执行刑罚的未成年人与成年人应当分别关押、分别管理、分别教育。因此，小龙作为未成年犯，不会与成年犯关押在一起，而是与其他未成年犯一起关押，所以就不会产生可能被成年犯带坏的情况。这也是法律考虑到未成年人的身心特点，对未成年犯的特殊保护。

🌀 法律条文

《中华人民共和国刑事诉讼法》

　　第二百八十条第二款　对被拘留、逮捕和执行刑罚的未成年人与成年人应当分别关押、分别管理、分别教育。

　　未成年人身心发育尚不成熟，缺乏辨认和控制能力，把未成年犯和成年犯分别关押、分别管理、分别教育，可以防止成年犯对未成年犯的不良影响，有利于未成年犯的教育改造，以便其出狱后能更好地融入社会。

20. 未成年人刑满出狱后就业，是否需向单位报告曾经犯罪的情况？

📞 案例背景

小磊从小跟爷爷奶奶长大，读完初中便辍学了。由于学历低，也没什么技能，小磊只能打零工挣点钱养活自己。16 岁那年，小磊跟别人一起抢钱，被抓获后，法院判定小磊犯抢劫罪，判处有期徒刑 3 年，于 2019 年 10 月刑满释放。出狱后的小磊决定好好做人，于是开始找工作，并通过努力到一家运输公司上班。在试用期期间，小磊由于表现突出被提前正式录用，但在填写有关材料时，有一项"有无犯罪记录"让小磊犯了难。小磊不知道该不该说清自己的情况，怕说出来后公司不录用自己，但不说自己又感到不安。

🔵 学法有疑

那么，小磊需要向单位报告自己的犯罪情况吗？

🔵 法律讲堂

小磊无须向单位报告自己的犯罪情况。根据我国《刑法》第一百条的规定，依法受过刑事处罚的人，在入伍、就业的时候，应当如实向有关单位报告自己曾受过刑事处罚，不得隐瞒。但犯罪的时候不满 18 周岁被判处 5 年有期徒刑以下刑罚的人，免除报告义务。《刑事诉讼法》第二百八十六条也规定了此种情形下应封存相关犯罪记录。本案中，小磊犯罪时不满 18 周岁，且被判处的有期徒刑为 3 年，符合免除报告义务的条件，因此，小磊无须向单位报告自己曾受过刑事处罚的情况，可以安心工作。

◯ 法律条文

《中华人民共和国刑法》

第一百条 依法受过刑事处罚的人，在入伍、就业的时候，应当如实向有关单位报告自己曾受过刑事处罚，不得隐瞒。

犯罪的时候不满十八周岁被判处五年有期徒刑以下刑罚的人，免除前款规定的报告义务。

《中华人民共和国刑事诉讼法》

第二百八十六条 犯罪的时候不满十八周岁，被判处五年有期徒刑以下刑罚的，应当对相关犯罪记录予以封存。

犯罪记录被封存的，不得向任何单位和个人提供，但司法机关为办案需要或者有关单位根据国家规定进行查询的除外。依法进行查询的单位，应当对被封存的犯罪记录的情况予以保密。

一句话说法

犯罪记录封存制度是国家对违法犯罪的未成年人实行"教育、感化、挽救"方针和"教育为主、惩罚为辅"原则的具体体现，顺应了国际社会对未成年人特殊保护的发展趋势，是促进未成年人健康发展的重要司法举措。

21. 未成年人犯罪后积极赔偿被害人损失的，是否可以适用缓刑？

🖋 案例背景

　　小丽 16 岁了，其父母都是企业的高层管理人员，身边的同学都羡慕小丽的家境，谁也没想到小丽竟会走上犯罪的道路。一天，小丽一个人在家觉得非常无聊，想找点刺激的事情做。于是，她偷偷潜入同学吴某的家里，盗走了价值将近 5000 元的项链。但没过多久，警察就通过证据找到了小丽，并把小丽从家里带走。小丽的父母看到小丽被带走的那一刻非常悲痛，了解情况后，决定积极赔偿被害人的损失；小丽也意识到了自己的过错，向被害人道歉，获得了被害人的谅解。

💧 学法有疑

　　那么，对于小丽，可以适用缓刑吗？

💧 法律讲堂

　　根据我国《刑法》第七十二条第一款的规定，对于被判处拘役、3 年以下有期徒刑的犯罪分子，犯罪情节较轻，且有悔罪表现，无再犯罪的危险，适用缓刑对所居住社区没有重大不良影响的，可以宣告缓刑。本案中，小丽涉嫌盗窃罪，依法应被判处 3 年以下有期徒刑、拘役或管制，且犯罪情节轻微，有悔罪表现，可以宣告缓刑。同时又根据《最高人民法院关于审理未成年人刑事案件具体应用法律若干问题的解释》第十六条的规定，对未成年罪犯符合《刑法》第七十二条第一款规定的，可以宣告缓刑。如果同时具有下列情形之一，对其适用缓刑确实不致再危害社会的，应当宣告缓刑：（1）初次犯罪；（2）积极退赃或赔偿被害人经济损失；（3）具备监护、帮教条件。本案中，小丽符合该条规定的条件，因此对小丽应当宣告缓刑。

🔵 法律条文

《中华人民共和国刑法》

第七十二条第一款　对于被判处拘役、三年以下有期徒刑的犯罪分子，同时符合下列条件的，可以宣告缓刑，对其中不满十八周岁的人、怀孕的妇女和已满七十五周岁的人，应当宣告缓刑：

（一）犯罪情节较轻；

（二）有悔罪表现；

（三）没有再犯罪的危险；

（四）宣告缓刑对所居住社区没有重大不良影响。

《最高人民法院关于审理未成年人刑事案件具体应用法律若干问题的解释》

第十六条　对未成年罪犯符合刑法第七十二条第一款规定的，可以宣告缓刑。如果同时具有下列情形之一，对其适用缓刑确实不致再危害社会的，应当宣告缓刑：

（一）初次犯罪；

（二）积极退赃或赔偿被害人经济损失；

（三）具备监护、帮教条件。

《人民检察院办理未成年人刑事案件的规定》

第五十九条第一款　对于具有下列情形之一，依法可能判处拘役、三年以下有期徒刑，有悔罪表现，宣告缓刑对所居住社区没有重大不良影响，具备有效监护条件或者社会帮教措施、适用缓刑确实不致再危害社会的未成年被告人，人民检察院应当建议人民法院适用缓刑：

（一）犯罪情节较轻，未造成严重后果的；

（二）主观恶性不大的初犯或者胁从犯、从犯；

（三）被害人同意和解或者被害人有明显过错的；

（四）其他可以适用缓刑的情节。

一句话说法

　　未成年犯缓刑是人民法院对未成年犯罪人适用缓刑的刑罚制度，即人民法院对判处拘役、3 年以下有期徒刑的未成年犯罪人，根据其犯罪情节和悔罪表现，认为原判刑罚可以暂缓执行，规定一定期限的考验期，期满后，原判刑罚不再执行。

22. 成年前后分别实施了犯罪，应如何处理？

我儿子在成年前后两次偷东西，现在被警察抓到了，请问他会不会被加重处罚啊？

应该不会的，因为他在第一次犯罪时还未成年，法官在量刑时会予以考虑这个因素的。

律师事务所

🔖 案例背景

小勇自从认识了一帮不良青年后，便染上了小偷小摸的坏习惯，无论父母对他怎么教育甚至打骂，都改变不了，对此小勇父母感到非常头疼。最严重的是小勇16岁上高三那年，小勇妈妈在收拾屋子时意外发现小勇的书里夹着3500元，她立即问小勇钱是哪儿来的，小勇一口咬定是同学托他保管的。后来，小勇高中毕业后没有再继续读书，而是去了一家钢厂上班，但没过多久警察就以小勇涉嫌盗窃为由将其带走。于是，小勇承认了自己在钢厂偷东西的事实，并供述了高三那年偷同学父母3500元的事情，而此时的小勇已年满18周岁。

学法有疑

那么，对于 18 周岁前后分别实施了犯罪行为的小勇，在量刑时应如何处理呢？

法律讲堂

小勇在偷 3500 元时，已年满 16 周岁，应当对该盗窃行为承担刑事责任。小勇年满 18 周岁后又涉嫌盗窃，因此两次盗窃均应负刑事责任。根据《最高人民法院关于审理未成年人刑事案件具体应用法律若干问题的解释》第十二条的规定，行为人在年满 18 周岁前后实施了不同种犯罪行为，对其年满 18 周岁以前实施的犯罪应当依法从轻或者减轻处罚。行为人在年满 18 周岁前后实施了同种犯罪行为，在量刑时应当考虑对年满 18 周岁以前实施的犯罪，适当给予从轻或者减轻处罚。因此，在对小勇两次犯罪量刑时，应考虑具体情况，对第一次盗窃适当给予从轻或减轻处罚。

法律条文

《最高人民法院关于审理未成年人刑事案件具体应用法律若干问题的解释》

第十二条 行为人在达到法定刑事责任年龄前后均实施了犯罪行为，只能依法追究其达到法定刑事责任年龄后实施的犯罪行为的刑事责任。

行为人在年满十八周岁前后实施了不同种犯罪行为，对其年满十八周岁以前实施的犯罪应当依法从轻或者减轻处罚。行为人在年满十八周岁前后实施了同种犯罪行为，在量刑时应当考虑对年满十八周岁以前实施的犯罪，适当给予从轻或者减轻处罚。

一句话说法

未成年人犯罪具有特殊性，但定罪量刑仍应遵循刑法基本原则。

对 18 周岁以前实施的同种犯罪行为和不同种犯罪行为，司法解释分别规定了不同的量刑标准和待遇。对于不同种犯罪行为，在量刑时应当依法从轻或者减轻处罚；而对于同种犯罪行为，则应适当给予从轻或者减轻处罚。同时需要注意，18 周岁前后分别犯罪，不构成累犯。

23. 如果证人是未成年人，还需要出庭作证吗？

📞 案例背景

某高级中学发生一起恶性伤人事件。受害人林某被人拿水果刀刺了9刀，身受重伤，险些失去生命。警方介入调查后发现，事情可能是由于两位男生在打球时发生冲突所致，最终酿成大祸。此次事件的关键人物李某作为控方证人说明了三人的关系，并指证犯罪嫌疑人王某有将林某置于死地的犯罪故意。但此时，李某的父母却一直心存顾虑，他们认为李某还是未成年人，因此不希望李某出庭作证。

🌀 学法有疑

那么，法律对此是如何规定的？未成年人作为证人可以不出庭作证吗？

🌀 法律讲堂

根据我国《刑事诉讼法》第一百九十二条第一款的规定，证人有出庭作证的义务。但对于未成年证人，法律有特殊规定。《人民检察院办理未成年人刑事案件的规定》第五十七条第二款规定，公诉人一般不提请未成年证人、被害人出庭作证。确有必要出庭作证的，应当建议人民法院采取相应的保护措施。因此，本案中的李某及其父母不用担心。在刑事诉讼中，未成年人无论是作为被害人，还是作为证人，一般都不会被要求出庭作证，这也是司法制度对未成年人特殊保护的体现。如果遇到非作证不可的情形，也会有相应的保护措施。

🌀 法律条文

《中华人民共和国刑事诉讼法》

第一百九十二条第一款 公诉人、当事人或者辩护人、诉讼代理人对证人证言有异议，且该证人证言对案件定罪量刑有重大影响，人民法院认为证人有必要出庭作证的，证人应当出庭作证。

《人民检察院办理未成年人刑事案件的规定》

第五十七条第二款　公诉人一般不提请未成年证人、被害人出庭作证。确有必要出庭作证的，应当建议人民法院采取相应的保护措施。

一句话说法

为避免未成年被害人、证人在庭审中受到"二次伤害"，对于未成年被害人、证人，一般不得通知其出庭作证。对确有必要出庭作证的，可以采取不暴露身份信息、不暴露外貌和真实声音等特殊保护措施，条件具备的，还可以采取远程视频等方式。

24. 父母打骂孩子构成犯罪吗?

案例背景

芳芳的父亲在其上初一时因车祸去世,随后芳芳便和母亲相依为命。但自从父亲去世后,母亲的脾气开始变得非常暴躁,并一直认为芳芳父亲的去世跟芳芳有很大关系,甚至经常对芳芳进行打骂。芳芳每次去上学,都会带着一脸伤。同学小丽对芳芳的伤感到既好奇又心疼,在追问下才得知,芳芳的伤是被母亲打的。于是,小丽一边劝芳芳去医院,一边告诉芳芳要采取法律措施,可以去法院告她母亲。

学法有疑

小丽的说法正确吗?芳芳的母亲打骂孩子有可能构成犯罪吗?

法律讲堂

父母对孩子有一定的管教和惩罚的权利,但要以教育为主,不能越过法律的红线。对孩子经常性地打骂,有可能构成虐待罪。《刑法》第二百六十条规定,虐待家庭成员,情节恶劣的,处两年以下有期徒刑、拘役或者管制。"虐待"指的是对人的身体、精神进行摧残、迫害的行为,有经常性和一贯性。本案中芳芳的母亲经常打骂芳芳,使其带伤上学,情节恶劣,可能构成虐待罪。

法律条文

《中华人民共和国刑法》

第二百六十条 虐待家庭成员,情节恶劣的,处二年以下有期徒刑、拘役或者管制。

犯前款罪,致使被害人重伤、死亡的,处二年以上七年以下有期徒刑。

第一款罪，告诉的才处理，但被害人没有能力告诉，或者因受到强制、威吓无法告诉的除外。

构成虐待罪的行为是指虐待家庭成员，情节恶劣的行为。虐待行为与偶尔打骂或者偶尔体罚行为的明显区别是：虐待行为往往是经常甚至一贯进行的，具有相对连续性。另外需要注意的是，非家庭成员之间的虐待行为，不构成虐待罪。

25. 猥亵儿童属于犯罪行为吗？法律对此是如何规定的？

🔖 案例背景

雷雷等十几名男生都是某小学低年级的学生，正处于孩童阶段的他们却因为同一件事受到了严重伤害。一天，雷雷的妈妈发现雷雷回到家后心情很低落，不愿跟人说话。刚开始也没太在意，但后来发现孩子越来越不对劲儿，身体也出现一些状况，她反复追问，才发现事情真相。雷雷的妈妈立即报案。警察经过调查发现，原来是班上的英语老师王某利用工作的便利，猥亵了十几名男生，很多孩子不敢跟家长说，或家长发现后不愿声张，雷雷父母报案后才东窗事发。

🌀 学法有疑

王某猥亵儿童的行为是否构成犯罪？对此法律又是如何规定的？

🌀 法律讲堂

猥亵，是指以刺激或满足性欲为目的，进行性交以外的淫秽行为。王某猥亵儿童的行为，构成犯罪。我国《刑法》第二百三十七条规定，以暴力、胁迫或者其他方法强制猥亵他人或者侮辱妇女的，处 5 年以下有期徒刑或者拘役……猥亵儿童的，处 5 年以下有期徒刑；有下列情形之一的，处 5 年以上有期徒刑：（一）猥亵儿童多人或者多次的；（二）聚众或者在公共场所当众猥亵儿童，情节恶劣的；（三）造成儿童伤害或者其他严重后果的；（四）猥亵手段恶劣或者有其他恶劣情节的。由此可知，猥亵儿童不需要有"暴力、威胁或其他方法"的手段上的限制。王某的行为符合第（一）种行为，也可能符合第（二）种、第（三）种、第（四）种行为，应处 5 年以上有期徒刑。

法律条文

《中华人民共和国刑法》

第二百三十七条 以暴力、胁迫或者其他方法强制猥亵他人或者侮辱妇女的，处五年以下有期徒刑或者拘役。

聚众或者在公共场所当众犯前款罪的，或者有其他恶劣情节的，处五年以上有期徒刑。

猥亵儿童的，处五年以下有期徒刑；有下列情形之一的，处五年以上有期徒刑：

（一）猥亵儿童多人或者多次的；

（二）聚众猥亵儿童的，或者在公共场所当众猥亵儿童，情节恶劣的；

（三）造成儿童伤害或者其他严重后果的；

（四）猥亵手段恶劣或者有其他恶劣情节的。

一句话说法

就猥亵儿童而言，在猥亵方式上没有强制性的要求，只要有猥亵儿童的行为即可构成猥亵儿童罪。少年儿童要懂得维护自己的权益，绝对不能忍气吞声。

26. 强奸幼女该怎样定罪处罚?

📞 案例背景

年仅 13 岁的小玲遭遇了让她一生难以忘掉的痛苦。小玲的父亲去世后,小玲一直和母亲相依为命。2019 年年初,小玲的妈妈在他人的介绍下认识了李某并与之结婚,之后小玲跟随妈妈到继父家生活。后来,性格开朗的小玲突然变得沉默寡言,总是把自己关在房间里,也不去学校,脸上总是充满了恐惧。小玲的妈妈发现孩子很不正常,在妈妈的追问下,小玲终于说出了实情,她被继父强奸了。小玲的妈妈得知后,愤怒之下报了警。

🌀 学法有疑

那么,成年男子奸淫幼女应如何定罪?如何处罚?

🌀 法律讲堂

根据我国《刑法》第二百三十六条第二款的规定,奸淫不满 14 周岁的幼女的,以强奸论,从重处罚。本案中的李某奸淫不满 14 周岁的小玲,不仅给她造成了身体上的伤害,还使其幼小的心灵受到重创,蒙上了难以抹去的阴影。依照法律应以强奸罪论处,并从重处罚。

🌀 法律条文

《中华人民共和国刑法》

第二百三十六条第二款、第三款　奸淫不满十四周岁的幼女的,以强奸论,从重处罚。

强奸妇女、奸淫幼女,有下列情形之一的,处十年以上有期徒刑、无期徒刑或者死刑:

(一)强奸妇女、奸淫幼女情节恶劣的;

（二）强奸妇女、奸淫幼女多人的；

（三）在公共场所当众强奸妇女、奸淫幼女的；

（四）二人以上轮奸的；

（五）奸淫不满十周岁的幼女或者造成幼女伤害的；

（六）致使被害人重伤、死亡或者造成其他严重后果的。

一句话说法

　　奸淫幼女，是指与不满 14 周岁的幼女发生性关系的行为。奸淫幼女，不论行为人采用什么手段，也不论幼女是否同意，只要与幼女发生了性关系，就构成强奸罪，并且要从重处罚。这样的规定体现出法律对幼女的特殊保护。

27. 收买儿童应当如何定罪处罚?

这个孩子是被卖到这里来的，我们在执行任务，帮助这个孩子回家。

孩子是我买的，但当作亲生的养，为什么不行?

📞 案例背景

张某与妻子婚后一直没有孩子，因此一直都很苦恼。后来，张某听人说同村的赵某花钱买了个男孩，于是张某决定找赵某帮忙打听，也花钱买个孩子来抚养。过了几天，村子里突然来了警察，带走了男孩和赵某。此时的张某感到很奇怪，不知警察为什么将赵某与孩子一同带走。后来，张某才得知，赵某买的孩子是被拐卖的，这是犯罪行为，并且赵某经常对该男孩进行殴打。

🌀 学法有疑

那么，赵某的行为应当如何定罪处罚?

法律讲堂

　　赵某的行为已经构成犯罪，依法将承担刑事责任。根据我国《刑法》第二百四十一条第一款的规定，收买被拐卖的妇女、儿童的，处三年以下有期徒刑、拘役或者管制。赵某花钱买的男孩被公安机关发现是被拐卖的，因此赵某的行为构成了收买被拐卖的儿童罪，应依法处以刑罚。同时，收买被拐卖的妇女、儿童，非法剥夺、限制其人身自由或者有伤害、侮辱等犯罪行为的，依照该法的有关规定定罪处罚。所以，若赵某对男孩有伤害的行为，经查证属实，还应按照刑法关于故意伤害罪的规定定罪处罚。

法律条文

《中华人民共和国刑法》

　　第二百四十一条　收买被拐卖的妇女、儿童的，处三年以下有期徒刑、拘役或者管制。

　　……

　　收买被拐卖的妇女、儿童，非法剥夺、限制其人身自由或者有伤害、侮辱等犯罪行为的，依照本法的有关规定定罪处罚。

　　收买被拐卖的妇女、儿童，并有第二款、第三款规定的犯罪行为的，依照数罪并罚的规定处罚。

　　……

　　收买被拐卖的妇女、儿童，对被买儿童没有虐待行为，不阻碍对其进行解救的，可以从轻处罚；按照被买妇女的意愿，不阻碍其返回原居住地的，可以从轻或者减轻处罚。

一句话说法

　　收买被拐卖的妇女、儿童，是指不是以出卖为目的，而是用金钱财物收买被拐卖的妇女、儿童的行为。本罪的侵害对象只限于被拐卖的妇女、儿童，且一般情况下，行为人收买的目的，是"结婚""收养"等。

28. 生下患有疾病的孩子就可以放弃抚养吗?

你们作为孩子的父母，不能因为孩子患有疾病就抛弃他。

警察先生，我们没有钱为这个孩子治病，真的没有能力把他养大。

📞 案例背景

田某与杨某于 2018 年结婚，2019 年 3 月生下一子。正当全家人都沉浸在这份喜悦当中的时候，一个突如其来的坏消息打破了这个家庭原本的平静。原来，刚刚出生的孩子被检查出患有先天性心脏病，很难养大。田某与妻子听到这个噩耗后悲痛至极，他们想要为孩子治病，但一想到昂贵的医药费就犯难。最终，两人决定放弃这个孩子，把孩子留在了医院，并更换了手机号和住址。医院报警后，公安机关找到田某夫妇，但二人仍拒绝抚养孩子。

🌀 学法有疑

应该怎样看待田某夫妇的行为？生下无力抚养的患有疾病的孩子就可以对其不抚养吗?

🌀 法律讲堂

　　田某夫妇的行为不仅会受到道德的谴责，如情节恶劣，还可能构成遗弃罪。根据我国《刑法》第二百六十一条的规定，对于年幼、患病的人，负有扶养义务而拒绝扶养，情节恶劣的，处五年以下有期徒刑、拘役或者管制。父母对子女负有抚养的义务，这种义务不因孩子患病、经济困难等任何原因而解除。本案中，田某夫妇将孩子留在医院，且在公安机关找到他们的时候仍拒绝抚养，是明显的遗弃行为。

🌀 法律条文

《中华人民共和国刑法》

　　第二百六十一条　对于年老、年幼、患病或者其他没有独立生活能力的人，负有扶养义务而拒绝扶养，情节恶劣的，处五年以下有期徒刑、拘役或者管制。

一句话说法

　　遗弃罪要求行为人必须情节恶劣，主要是指由于遗弃造成被害人重伤、死亡等严重后果，如有遗弃行为屡教不改，或者遗弃手段、情节特别恶劣等。

第 **4** 章 校园安全与权利保障法律知识

29. 老师向学生推销商品牟利，是否属于违法行为?

毕竟是你老师推销的，还是买吧。

妈妈，我们老师向我们推销学习机，我买不买啊?

🗨 **案例背景**

小东是高中三年级的学生，即将面临高考。某日，班主任王老师给同学们开班会，希望同学们能好好学习，并多次推销有助于学习的某品牌学习机，还称自己家亲戚就负责卖学习机，如果大家需要买的，可以随时联系他。小东并不是很喜欢学习机，觉得对自己来说没什么用，但又考虑到是班主任推销的，不好意思不买。拿不定主意的小东跑回家与父母商量，父母认为毕竟那是小东的班主任，如果不买的话怕以后班主任就不会好好管小东了，所以决定让小东买。

🌀 学法有疑

老师向学生推销商品牟利，是否属于违法行为？

🌀 法律讲堂

老师向同学推销商品，从买卖双方来讲，一方是卖方，一方是买方，卖方不得强迫买方接受自己的商品和服务，买方也不得强买损害卖方的利益。总之，买卖首先要你情我愿，从法律层面讲就是买卖双方应遵守公平、平等的原则。但是，对班主任王老师来说，作为教师这个特殊行业中的一员，起着为人师表的作用，面对身心还未发展成熟的学生更应该时刻注意自己的教师形象，不能通过向学生推销学习资料、学习用品等谋取利益，我国《义务教育法》第二十五条明确规定了该内容。因此，王老师的做法是违法的，小东如果不想买该品牌的学习机，完全可以拒绝购买。

🌀 法律条文

《中华人民共和国义务教育法》

第二十五条 学校不得违反国家规定收取费用，不得以向学生推销或者变相推销商品、服务等方式谋取利益。

一句话说法

学校和老师向学生推销商品或者变相推销商品从中牟利，既违反了法律规定，又损害了教师和学校形象。因此，各学校要采取措施，加大监督检查力度，坚决查处此类行为，切实加大责任追究力度。

30. 寄宿制学校有权把学生整天关在宿舍楼里吗?

我们孩子说在学校里没有自由,整天被限制在宿舍里。

我们是寄宿制学校,这么做是为了孩子的安全,请您谅解。

🔖 案例背景

　　小美上初中二年级了,她所读的学校是寄宿制的。这所学校有一条特殊的规定:所有学生除了在教学楼上课,在食堂吃饭以外,其余时间都必须在宿舍楼里待着,不得离开宿舍。学校称这么做是为了方便管理,保障学生的安全。小美对学校的这种做法很不认同,她认为学校这样做是在限制他们的人身自由,所以,小美和父母商量,希望到其他学校读书。

🌀 学法有疑

　　寄宿制学校有权将学生整天关在宿舍楼里吗?

🌀 法律讲堂

　　一般来说，学校可以制定各种管理制度，包括设置住宿制度，但其原则和指导思想应是有利于学生的学习和成长。本案中，学校尽管是为了保证学生的人身安全而不让学生离开宿舍楼，但这样的规定是与法律不符的。根据我国《未成年人保护法》《义务教育法》等法律法规的规定，学校应当保证未成年人的课外活动时间，保障未成年人休息、娱乐和体育锻炼的时间。也就是说，学校不得为了保证学生安全，保障升学率等，强制学生课余时间留在学校宿舍，牺牲学生的课外活动时间。对本案中学校的做法，应当由教育行政部门或者其他教育主管部门责令改正。

🌀 法律条文

《中华人民共和国义务教育法》

　　第三十七条　学校应当保证学生的课外活动时间，组织开展文化娱乐等课外活动。社会公共文化体育设施应当为学校开展课外活动提供便利。

《中华人民共和国未成年人保护法》

　　第三十三条第一款　学校应当与未成年学生的父母或者其他监护人互相配合，合理安排未成年学生的学习时间，保障其休息、娱乐和体育锻炼的时间。

　　义务教育阶段，学生正处于长身体的关键时期，为了使他们全面成长，并推进实施素质教育，必须保证学生有足够的自主学习时间和课外活动时间，能够参加丰富多彩的体育文化活动。

31. 学校可以随意取消毕业班学生的体育课和音乐课吗?

请问学校为什么要取消学生的音乐课啊?

我们这样做是为了提高他们的学习成绩,他们马上就要中考了,这是为了他们好。

🔍 案例背景

小樱是某初中三年级的学生,平时活泼好动的她却因为学校的一个突然决定犯了愁。因为小樱等人现在已经是毕业班的学生了,学校为了提高升学率,决定取消毕业班的体育课和音乐课,全部改上与中考有关的科目。学校的课程变得单调而枯燥,学生的精神处于高度紧张状态,没有可以调节的方式。一段时间后,小樱的成绩不但没有提升,反而开始下降,也不像从前那样爱说话了,父母对小樱非常担心。

🌀 学法有疑

学校有权取消毕业班学生的体育课和音乐课吗?

💧 法律讲堂

　　学校是不能取消学生的体育课和音乐课的。我国《义务教育法》对未成年人的教育内容作出了明文规定，学校应当全面贯彻国家的教育方针，实施素质教育，提高教育质量，在品德、智力、体质等方面全面发展学生的素质，将德育、智育、体育、美育等有机统一在教育教学活动中，促进未成年学生全面发展。学校对未成年学生的教育应当是多方面的。除了学习，还应当对未成年人给予正确的生理上、心理上的关心、教育和指导。因此，案例中，学校取消体育课和音乐课的行为是违反法律规定的，应当尽快予以改正。

🌀 法律条文

《中华人民共和国义务教育法》

　　第三十五条　国务院教育行政部门根据适龄儿童、少年身心发展的状况和实际情况，确定教学制度、教育教学内容和课程设置，改革考试制度，并改进高级中等学校招生办法，推进实施素质教育。

　　学校和教师按照确定的教育教学内容和课程设置开展教育教学活动，保证达到国家规定的基本质量要求。

　　国家鼓励学校和教师采用启发式教育等教育教学方法，提高教育教学质量。

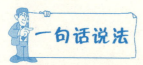
一句话说法

　　近年来，减轻学生过重负担的工作取得了一定成效。但是，学生负担过重的现象仍没有从根本上得到有效遏止，有的地方甚至还相当严重，已成为全面推进素质教育的严重障碍。因此，应继续深入推进升学考试改革，体现九年义务教育的性质。

32. 学生在学校里被校外人员打伤，学校是否承担责任？

我们孩子在学校里被打伤，是学校的疏忽，学校应该承担责任。

他是被校外的人员打伤的，这不在我们的承担责任范围内。

📞 案例背景

小东与小强是同班同学，某日两人因小事发生口角，事后小东也没有将此事放在心上。第二天课间休息时，小东突然看到几个比自己大的年轻人在小强的带领下，气势汹汹地向自己走过来。不一会儿，小东就被这几个人打伤，幸好被赶过来的老师及时送往医院救治。经诊断，小东的左胳膊骨折，身体多处瘀青、擦伤。后来，经学校调查，小东与小强发生争执后，小强便将此事告诉了他的哥哥，哥哥第二天便带人来到学校为小强出气，将小东打伤。

🌀 学法有疑

小东被校外人员打伤，学校是否应该承担责任呢？

🌀 法律讲堂

对于小东在校内被校外人员伤害，学校是否应当承担责任这个问题，关键要看学校有没有尽到对学生的保护责任。学生的家长将孩子送到学校后，学校负有教育、管理职责，学校应当采取一定的安全措施保护学生免受侵害。案例中，我们很难看出学校采取了安全措施，对校外人员进入学校并未进行严格的检查，因此学校应当对小东的伤害承担责任。我国的《民法典》《未成年人保护法》等相关法律法规对此都有明确规定。

🌀 法律条文

《中华人民共和国未成年人保护法》

第三十五条 学校、幼儿园应当建立安全管理制度，对未成年人进行安全教育，完善安保设施、配备安保人员，保障未成年人在校、在园期间的人身和财产安全。

学校、幼儿园不得在危及未成年人人身安全、身心健康的校舍和其他设施、场所中进行教育教学活动。

学校、幼儿园安排未成年人参加文化娱乐、社会实践等集体活动，应当保护未成年人的身心健康，防止发生人身伤害事故。

《中华人民共和国民法典》

第一千二百条 限制民事行为能力人在学校或者其他教育机构学习、生活期间受到人身损害，学校或者其他教育机构未尽到教育、管理职责的，应当承担侵权责任。

第一千二百零一条 无民事行为能力人或者限制民事行为能力人在幼儿园、学校或者其他教育机构学习、生活期间，受到幼儿园、学校或者其他教育机构以外的第三人人身损害的，由第三人承担侵权责任；幼儿园、学校或者其他教育机构未尽到管理职责的，承担相应的补充责任。幼儿园、学校或者其他教育机构承担补充责任后，可以向第三人追偿。

一句话说法

　　幼儿园、学校或者其他教育机构以外的人员进入校园，或者在幼儿园、学校或者其他教育机构组织学生外出活动期间直接造成学生人身伤害的，该校外人员的侵权行为直接造成人身损害后果的发生，因此，其作为侵权人应当依法承担侵权责任。学校未尽到职责，也要负责。

33. 学生在上体育课时遭雷击受伤，谁来承担责任？

📞 案例背景

小明上初一了，但胆子很小，就连打雷他都害怕。某日，小明所在的班级正在操场上上体育课。突然，电闪雷鸣，下起了大雨。同学们四处躲雨，而小明因为害怕不知所措，一路向教学楼狂奔，在奔跑的途中遭到了雷击，当即倒下。事发后，体育老师赶紧拨打了急救电话，将小明送到医院进行救治。虽然没有生命危险，但是小明却因雷击受伤，且受到了严重的惊吓。

🌀 学法有疑

在学校操场遭雷击受伤，由谁负责？

🌀 法律讲堂

我国法律规定，学校对所属学生负有监督、保护的责任和义务。小明上体育课当天正赶上雷雨天气，学校有义务采取一定的安全措施保证学生的安全，使其免受伤害。打雷后，老师应当立即组织学生躲到安全地带，而不是让学生四处乱躲。老师未尽到职责，导致小明被雷击的事件发生。因此，小明所在学校在此次事件中存在过错，应当对小明遭遇雷击的事故承担责任。但由于小明被雷击中的事件具有一定的偶发性，并且事件发生后，学校积极采取措施对小明进行救治，因此可在一定程度上减轻学校的赔偿责任。

🌀 法律条文

《中华人民共和国义务教育法》

第二十四条 学校应当建立、健全安全制度和应急机制，对学生进行安全教育，加强管理，及时消除隐患，预防发生事故。

县级以上地方人民政府定期对学校校舍安全进行检查；对需要

维修、改造的，及时予以维修、改造。

学校不得聘用曾经因故意犯罪被依法剥夺政治权利或者其他不适合从事义务教育工作的人担任工作人员。

《中华人民共和国民法典》

第一千二百条 限制民事行为能力人在学校或者其他教育机构学习、生活期间受到人身损害，学校或者其他教育机构未尽到教育、管理职责的，应当承担侵权责任。

保护儿童、少年的合法权益，最重要的是保护他们的人身、财产安全。学校是安全工作的责任主体，保证学生安全是校长和教师的天职，学校有责任和义务为学生提供一个安全的学习和生活环境。

34. 学校有权随便使用学生的发明吗?

🐚 **案例背景**

小兵今年已经上初中了,平时他经常利用业余时间搞一些小发明,老师和同学也都非常喜欢小兵发明的东西。在放寒假期间,小兵通过电视节目受到启发,发明了一种自动黑板擦,经过反复试验,该黑板擦设计成功,并向国家专利部门申请了发明专利。开学后,小兵高兴地将自动黑板擦带到学校向老师和同学展示,老师看到后,在没有告知小兵的情况下就在全校范围内推广使用该自动黑板擦。

🌀 **学法有疑**

学校这种随便使用学生发明的行为合法吗?

法律讲堂

我国对于发明创造是十分鼓励的，为此特别制定了《专利法》保护发明创造者的合法权益，任何人或者单位只要有发明创造，都可以向国家专利部门申请专利。根据《专利法》第十一条第一款规定，发明和实用新型专利权被授予后，除本法另有规定的以外，任何单位或者个人未经专利权人许可，都不得实施其专利，即不得为生产经营目的制造、使用、许诺销售、销售、进口其专利产品。小兵是此发明创造的专利权人，学校不得随意使用其发明。

法律条文

《中华人民共和国专利法》

第十一条第一款 发明和实用新型专利权被授予后，除本法另有规定的以外，任何单位或者个人未经专利权人许可，都不得实施其专利，即不得为生产经营目的制造、使用、许诺销售、销售、进口其专利产品，或者使用其专利方法以及使用、许诺销售、销售、进口依照该专利方法直接获得的产品。

一句话说法

知识产权，通常包括著作权、专利权和商标权等。给予创新以法律保护，是对创新精神最有效的鼓励。公民的知识产权不受性别、民族、年龄的限制，国家依法保护未成年人的智力成果不受侵犯。

35. 因学校组织活动导致踩踏事故发生，谁来承担责任？

案例背景

　　某日，小金所在的小学突然决定要开大会，由于同学们都着急往楼下跑，导致楼梯间有些拥堵，小金一不小心跌倒了，后面的同学来不及躲避，遂发生踩踏事件。好多同学都从楼梯上滑了下去，现场一片混乱，小金和其他三名同学受了轻伤。老师们闻讯后赶到现场进行疏导，经过十几分钟的处理，现场秩序恢复正常。

学法有疑

　　学校对教学楼踩踏事故应承担责任吗？

法律讲堂

　　学校作为未成年人接受教育的重要场所，应当将安全教育放在重要位置。根据我国《未成年人保护法》等相关法律的规定，无论在教育教学活动中还是在集体娱乐活动中，学校都应当时刻注意提高学生的安全意识，加强对未成年人的安全教育工作，采取措施保障未成年人的人身和财产安全。就未成年人在学校中受到伤害的责任承担问题，我国的《民法典》也有专门规定。案例中，之所以发生学生拥堵、踩踏的恶劣事件，除了学生遵守秩序意识、互相谦让意识薄弱外，还与学校疏于管理有很大关系。事件发生时，并没有专门人员管理，学生毫无秩序地拥堵在楼梯间，这样发生安全事故的可能性必然较大。因此，学校对此事件负有过错，未尽到教育、管理的职责，应当依法承担相应的责任。

法律条文

《中华人民共和国义务教育法》

第二十四条第一款　学校应当建立、健全安全制度和应急机制，对学生进行安全教育，加强管理，及时消除隐患，预防发生事故。

《中华人民共和国未成年人保护法》

第三十五条 学校、幼儿园应当建立安全管理制度，对未成年人进行安全教育，完善安保设施、配备安保人员，保障未成年人在校、在园期间的人身和财产安全。

学校、幼儿园不得在危及未成年人人身安全、身心健康的校舍和其他设施、场所中进行教育教学活动。

学校、幼儿园安排未成年人参加文化娱乐、社会实践等集体活动，应当保护未成年人的身心健康，防止发生人身伤害事故。

《中华人民共和国民法典》

第一千一百九十九条 无民事行为能力人在幼儿园、学校或者其他教育机构学习、生活期间受到人身损害的，幼儿园、学校或者其他教育机构应当承担侵权责任；但是，能够证明尽到教育、管理职责的，不承担侵权责任。

第一千二百条 限制民事行为能力人在学校或者其他教育机构学习、生活期间受到人身损害，学校或者其他教育机构未尽到教育、管理职责的，应当承担侵权责任。

学校应组织学生学习安全知识，牢固树立自护自救观念，形成自护自救意识，掌握自护自救技能，锻炼自护自救能力，在面对各种异常情况或危险时，能用学到的有关安全知识和掌握的技能，果断正当地进行自护自救。

36. 残疾学生是否享有平等的受教育权?

🔖 案例背景

小华是一个残疾孩子,天生只有一只耳朵。小华上学后,同学和老师都用异样的眼光看他,他们觉得小华是一个奇怪的孩子。后来,同学们从奇怪转变为嘲笑,并给小华起了一个外号,叫他"一只耳"。因此,小华渐渐变得自卑,不爱说话,上课也不爱回答问题,学习成绩直线下降,甚至逃避上学。

🌀 学法有疑

小华在遭到同学们的歧视时应该怎么做?

🌀 法律讲堂

小华虽然身体存在残疾,但是他在受教育方面与正常学生一样,都有接受义务教育的权利。对于像小华一样身体有残疾的特殊学生,学校和社会应多予以关爱。案例中,学生嘲笑小华,使小华在学校中丧失自信,这是错误的行为。对此,小华可以将这种歧视行为向学校老师反映,同时可以寻求家长的帮助,情况严重的还可以通过法律渠道维护自己的权益。如果有同学对小华一味地嘲笑,情形严重的,是要承担相应的法律责任的。

🌀 法律条文

《中华人民共和国宪法》

第四十六条 中华人民共和国公民有受教育的权利和义务。

国家培养青年、少年、儿童在品德、智力、体质等方面全面发展。

《中华人民共和国义务教育法》

第六条第一款 国务院和县级以上地方人民政府应当合理配置

教育资源，促进义务教育均衡发展，改善薄弱学校的办学条件，并采取措施，保障农村地区、民族地区实施义务教育，保障家庭经济困难的和残疾的适龄儿童、少年接受义务教育。

　　我国的义务教育是向所有具有我国国籍的适龄儿童、少年开放的，不管该适龄儿童、少年自身状况及家庭财产状况如何，其均有接受义务教育的权利。

37. 老师体罚学生会承担哪些责任?

📞 案例背景

东东天生活泼好动,平时上课经常说话,爱搞小动作。某日,东东在上自习课时不好好学习,而是和其他同学小声说话,打扰其他同学学习,老师发现后立即将东东叫到外面,二话没说就对其进行严厉批评,并一脚将东东踹到了墙角,导致东东头部被撞伤。事后,学校进行了调查,对老师也作出了处理。

🌀 学法有疑

东东有权追究老师的刑事责任吗?

🌀 法律讲堂

案例中,东东在自习课上和其他同学说话的行为,不仅影响了自己,也影响到其他同学的学习,是不对的。为了使课堂教学顺利进行,老师有权对东东的行为予以制止,这既是对其他同学权利的保障,也是对东东负责。但是,我国《义务教育法》《教师法》都有专门规定,老师不得体罚学生。

东东作为未成年人,其自身的约束能力有限。当其犯错误的时候,老师有权利对东东予以说明,用温和的方式使东东认识到自己的错误。但是老师不应对东东进行体罚,这样看似维护了作为老师的尊严,实际上却造成了学生尤其是东东对老师的恐惧,容易让学生产生心理阴影,不利于学生的健康成长。

针对将东东打伤的行为,老师应当承担相应的民事责任和行政责任。至于可不可以追究老师的刑事责任,还要看东东的伤是否构成刑法上所规定的轻伤。如果构成轻伤,那么就构成了刑法上的故意伤害,是要承担刑事责任的。

法律条文

《中华人民共和国义务教育法》

第二十九条　教师在教育教学中应当平等对待学生，关注学生的个体差异，因材施教，促进学生的充分发展。

教师应当尊重学生的人格，不得歧视学生，不得对学生实施体罚、变相体罚或者其他侮辱人格尊严的行为，不得侵犯学生合法权益。

《中华人民共和国教师法》

第三十七条　教师有下列情形之一的，由所在学校、其他教育机构或者教育行政部门给予行政处分或者解聘：

（一）故意不完成教育教学任务给教育教学工作造成损失的；

（二）体罚学生，经教育不改的；

（三）品行不良、侮辱学生，影响恶劣的。

教师有前款第（二）项、第（三）项所列情形之一，情节严重，构成犯罪的，依法追究刑事责任。

一句话说法

老师应当以适当的方式教育学生，不能随意打骂。这不仅违反了道德要求，也触犯了法律。

38. 学校有权对违反校规的学生进行罚款吗?

📞 案例背景

洋洋是某校初中一年级的学生,经常上课迟到,让老师和家长非常头疼。这一天,洋洋再次因睡过头而迟到了,班主任老师非常生气,认为洋洋经常迟到的行为已经给班级荣誉造成了严重的损害。老师对洋洋进行批评的同时,要求洋洋向本班同学道歉,最后,对洋洋处以50元的罚款。老师称这是对违反校规的处罚,罚款会作为班费使用。

🌀 学法有疑

学校有权利对违反校规的学生进行罚款吗?

🌀 法律讲堂

针对洋洋上课迟到的行为,学校有权利依据学校的规章制度对洋洋进行一定的处罚,如通报批评、写检查等。在班内,如果因洋洋的行为给班级荣誉造成损害,班主任让洋洋向本班同学道歉,在一定程度上有助于培养洋洋的责任意识和集体意识,这种做法还算可取。但是班主任对洋洋进行罚款的行为是不是合适呢?对此,我国《义务教育法》有专门规定。对于义务教育阶段的学生,学校或者老师不得收取学费,不得变相收费,违反上述规定的有关学校和老师将受到法律的追究。所以,老师对学生进行罚款,是变相收费的行为,无法律依据,是违法的。

🌊 法律条文

《中华人民共和国义务教育法》
第二条 国家实行九年义务教育制度。
义务教育是国家统一实施的所有适龄儿童、少年必须接受的教育，是国家必须予以保障的公益性事业。

实施义务教育，不收学费、杂费。

国家建立义务教育经费保障机制，保证义务教育制度实施。

第五十六条第一款　学校违反国家规定收取费用的，由县级人民政府教育行政部门责令退还所收费用；对直接负责的主管人员和其他直接责任人员依法给予处分。

学校向学生收费必须依法进行，遵守国家的有关规定，不得违反规定向学生收费，否则，应依法承担相应的法律责任，即由县级人民政府教育行政部门责令退还所收费用，对直接负责的主管人员和其他直接责任人员依法给予处分。

39. 学生课间休息时因相互打闹受伤，学校要承担责任吗？

📞 案例背景

高中生小浩与小龙不仅是同班同学，而且是非常好的朋友。每到课间休息时，两人都会凑到一起玩耍。某日课间休息的时候，两人在教室内嬉笑打闹，小浩想趁小龙不注意用圆珠笔在小龙脸上画画，但没想到一不小心用笔尖戳到了小龙的眼睛。老师发现后立即将小龙送到了医院，后经医院诊断，小龙的眼角膜受到损伤，经过住院治疗，花去了将近1万元的医药费。

🌀 学法有疑

对于小龙花费的医药费，学校该承担责任吗？

🌀 法律讲堂

学校对未成年学生在校所受到的伤害是否承担赔偿责任，应以学校是否具有过错为标准。学校是有计划、有组织地进行系统教育的机构，学校与未成年学生之间是教育、管理与被教育、被管理的关系。学校依法对未成年学生进行德、智、体、美、劳和法制教育，对未成年学生的行为进行管理，对未成年学生的人身安全进行保护。根据《民法典》第一千二百条的规定，限制民事行为能力人在学校或者其他教育机构学习、生活期间受到人身损害，学校或者其他教育机构未尽到教育、管理职责的，应当承担责任。这说明，学校只有在未尽到教育和管理责任的情况下才承担责任。

本案中，小龙受伤是因为他主动与小浩追逐打闹导致的，并非学校没有尽到管理责任所致。小龙和小浩已经上高中，应该能够预见自己的行为可能导致的后果，不应在教室肆意打闹，这说明他们二人均有过错，尤其是小浩。小龙受伤后的医疗费应由小浩和小龙的家长协商解决。而学校在案件中没有过错，不应承担对小龙的民事赔偿责任。

法律条文

《中华人民共和国民法典》

第一千二百条 限制民事行为能力人在学校或者其他教育机构学习、生活期间受到人身损害，学校或者其他教育机构未尽到教育、管理职责的，应当承担侵权责任。

《中华人民共和国未成年人保护法》

第三十五条 学校、幼儿园应当建立安全管理制度，对未成年人进行安全教育，完善安保设施、配备安保人员，保障未成年人在校、在园期间的人身和财产安全。

学校、幼儿园不得在危及未成年人人身安全、身心健康的校舍和其他设施、场所中进行教育教学活动。

学校、幼儿园安排未成年人参加文化娱乐、社会实践等集体活动，应当保护未成年人的身心健康，防止发生人身伤害事故。

《中华人民共和国义务教育法》

第二十四条第一款 学校应当建立、健全安全制度和应急机制，对学生进行安全教育，加强管理，及时消除隐患，预防发生事故。

一句话说法

限制民事行为能力人（8周岁以上的未成年人）在学校或者其他教育机构学习、生活期间受到人身损害的，学校或者其他教育机构应当证明自己已经尽到教育、管理职责，对人身损害没有过错，否则就要承担责任。

40. 学生被老师处罚后自杀，应该由谁承担责任？

他自杀是他自己的承受能力太差，和我们学校无关。

我们的孩子自杀是因为老师的处罚伤害了他的自尊，请你们学校承担责任。

案例背景

小程虽然身体有残疾，但学习成绩一直名列前茅。某日，小程因早上未吃饭而感到肚子很饿，就在自习课上偷偷地吃起东西来，这一幕正好被经过的班主任老师看到。于是，老师在全班同学面前对小程进行语言上的侮辱，嘲笑其身体上的残疾，同时也对小程作出了处罚。小程觉得在同学面前丢了面子，自尊心受到了严重打击。小程因无法接受这样的事实，跳楼自杀了。

学法有疑

学生因为被老师处罚而自杀的，应该由谁来承担责任？

🌊 法律讲堂

班主任老师在全班同学面前对小程进行语言上的侮辱，并对小程进行处罚，没有尊重学生小程的感受，导致小程的自尊心受到严重伤害，从而跳楼自杀，班主任老师负有责任。《教师资格条例》第十九条规定，品行不良、侮辱学生，影响恶劣的，由县级以上人民政府教育行政部门撤销其教师资格。本案中，因班主任老师的行为导致小程自尊心受到伤害，而跳楼自杀，因此，应由县级以上人民政府教育行政部门撤销其教师资格，并对其依法给予处分。

🌊 法律条文

《中华人民共和国未成年人保护法》

第二十三条　未成年人的父母或者其他监护人应当及时将委托照护情况书面告知未成年人所在学校、幼儿园和实际居住地的居民委员会、村民委员会，加强和未成年人所在学校、幼儿园的沟通；与未成年人、被委托人至少每周联系和交流一次，了解未成年人的生活、学习、心理等情况，并给予未成年人亲情关爱。

未成年人的父母或者其他监护人接到被委托人、居民委员会、村民委员会、学校、幼儿园等关于未成年人心理、行为异常的通知后，应当及时采取干预措施。

第二十七条　学校、幼儿园的教职员工应当尊重未成年人人格尊严，不得对未成年人实施体罚、变相体罚或者其他侮辱人格尊严的行为。

第三十条　学校应当根据未成年学生身心发展特点，进行社会生活指导、心理健康辅导、青春期教育和生命教育。

《教师资格条例》

第十九条　有下列情形之一的，由县级以上人民政府教育行政部门撤销其教师资格：

……

（二）品行不良、侮辱学生，影响恶劣的。

……

一句话说法

　　作为教师，有义务爱护学生，尊重学生人格，促进学生在德、智、体等方面全面发展，而不能侮辱学生、体罚学生。这不仅是道德要求，也是法律义务。学校也应当注意根据未成年学生身心发展特点，进行社会生活指导、心理健康辅导、青春期教育和生命教育。

41. 非学校配备的校车发生事故时，责任由谁承担?

📞 案例背景

晨晨住在县城，但他就读的学校在市区，距离学校较远。该学校像晨晨这样的学生很多，他们住在周边县城，上学很不方便。于是，学校为了方便学生上下学，与某校车服务提供者签订了合同，由该校车服务提供者负责接送学生。某天，在放学的途中，由于校车司机犯困一不小心闯了红灯，导致发生了交通事故，造成晨晨等13 人不同程度受伤。

🌀 学法有疑

像这种不是学校配备的校车发生事故的，应该由谁来承担责任?

🌀 法律讲堂

为了应对频发的校车安全事故，加强校车安全管理，保障学生的交通安全，国务院颁布了《校车安全管理条例》。该条例规定，作为校车必须依法取得使用许可，校车提供者要保证校车本身的安全，提供符合要求的驾驶员等。本案中，校车司机因犯困闯红灯，导致交通事故的发生，使学生受到损害，安全受到威胁。《校车安全管理条例》第五十九条规定："发生校车安全事故，造成人身伤亡或者财产损失的，依法承担赔偿责任。"所以，校车服务提供者要依法承担赔偿责任。

学生是祖国的未来，保障学生安全是全社会不可推卸的责任，也是人民普遍关心的问题。校车安全不仅是一项重要的工作，而且是一个严肃的社会问题，保障校车安全需要全社会高度重视，各种力量联合起来，任重而道远。

🔵 法律条文

《校车安全管理条例》

第九条 学校可以配备校车。依法设立的道路旅客运输经营企业、城市公共交通企业，以及根据县级以上地方人民政府规定设立的校车运营单位，可以提供校车服务。

县级以上地方人民政府根据本地区实际情况，可以制定管理办法，组织依法取得道路旅客运输经营许可的个体经营者提供校车服务。

第十一条 由校车服务提供者提供校车服务的，学校应当与校车服务提供者签订校车安全管理责任书，明确各自的安全管理责任，落实校车运行安全管理措施。

学校应当将校车安全管理责任书报县级或者设区的市级人民政府教育行政部门备案。

第五十九条 发生校车安全事故，造成人身伤亡或者财产损失的，依法承担赔偿责任。

校车安全关系到孩子们的人身安全，关系到千家万户。学校和校车服务提供者应建立健全校车安全管理制度，配备安全管理人员，指派照管人员随车照管学生，确保校车安全运营。

—第 5 章　家庭教育与抚养法律知识 —

42. 离婚时可以分割夫妻共同出资登记在子女名下的房产吗？

案例背景

阳阳正在上初中二年级。在阳阳 10 岁那年，阳阳的父母共同买了一套房子，并将该房子登记在阳阳的名下。两年后，阳阳父母感情破裂，双方决定协议离婚，但在进行财产分割时出现了争执。对于阳阳名下的这套房产，是否可以作为夫妻共有财产予以分割，阳阳父母出现了分歧。

🌀 学法有疑

离婚时，父母可以分割登记在子女名下的财产吗？

🌀 法律讲堂

这套房产不属于夫妻共有财产，所以不能进行分割。阳阳父母给阳阳买房的行为属于赠与行为，根据我国《民法典》第六百五十七条的规定，赠与合同是赠与人将自己的财产无偿给予受赠人，受赠人表示接受赠与的合同。赠与财产的所有权经赠与行为的有效即发生所有权转移。本案中，父母为阳阳买的房产，其所有权归属于阳阳，父母作为监护人，只有保护财产的权利，而没有处分的权利。阳阳属于未成年人，如果其父母离婚，则应该由直接抚养阳阳的一方监护人保管房屋。

🌀 法律条文

《中华人民共和国民法典》

第六百五十七条　赠与合同是赠与人将自己的财产无偿给予受赠人，受赠人表示接受赠与的合同。

一句话说法

在赠与合同中，当事人双方的意思表示一致合同即成立。赠与人将自己的财产给予受赠人，受赠人表示接受，财产所有权即发生转移。

43. 父母离婚后，双方可以都不抚养子女吗?

📞 案例背景

鹏鹏13岁了，父母早在他9岁时就因感情不和而离婚。父母离婚后，谁也不愿意抚养鹏鹏，鹏鹏只好跟随爷爷奶奶生活。爷爷奶奶没有收入来源，一大把年纪了还要为鹏鹏的生活费到处奔波。看着爷爷奶奶年纪越来越大，身体越来越不好，鹏鹏心疼爷爷奶奶，便决定去找爸爸妈妈讨要生活费。可是，双方却都再三推脱，并对鹏鹏称以后不要打扰他们的新生活，且鹏鹏父母自离婚后都没有尽过抚养义务。

🌀 学法有疑

面对这种情况，鹏鹏该怎么做?

🌀 法律讲堂

鹏鹏的父母作为其法定监护人对鹏鹏负有法律上的监护责任，这种监护责任不因夫妻双方离婚而终止。因此，鹏鹏有权要求父母履行监护职责，给付抚养费。如果鹏鹏自己去劝说父母不起作用的话，那么，鹏鹏可以寻求其他亲属或街道居委会等帮忙。根据法律规定，其他有监护职责的人员或者单位可向法院申请变更监护人或者解除其监护资格，同时所在街道、居委会还可以对鹏鹏的父母予以劝诫。

🌀 法律条文

《中华人民共和国民法典》

第一千零八十四条　父母与子女间的关系，不因父母离婚而消除。离婚后，子女无论由父或者母直接抚养，仍是父母双方的子女。

离婚后，父母对于子女仍有抚养、教育、保护的权利和义务。

离婚后，不满两周岁的子女，以由母亲直接抚养为原则。已满两周岁的子女，父母双方对抚养问题协议不成的，由人民法院根据双方的具体情况，按照最有利于未成年子女的原则判决。子女已满八周岁的，应当尊重其真实意愿。

一句话说法

父母离婚后，只是夫妻双方基于婚姻而存在的人身关系和财产关系归于消灭，但父母与子女之间存在的血亲关系不因父母离婚而消除。为了子女的合法权益不致因父母离婚而受到损害，法律规定，父母离婚后对子女仍有抚养和教育的义务。

44. 父母去世，成年兄姐对弟妹是否有扶养义务？

爸妈都已经走了，以后我要怎么办？

你还有哥哥，以后我来照顾你。

案例背景

赵某夫妇有两个儿子，取名小龙和大龙，大龙已成家立业，而小龙还在上高中。一天，赵某夫妇发生车祸，当场死亡。小龙得知父母的死讯后，感觉天都塌下来了，内心非常痛苦，而他现在唯一的亲人只有他的哥哥大龙。随后，大龙向小龙承诺，一定会照顾好他，并且供他读书。

学法有疑

大龙对小龙有没有扶养义务呢？

法律讲堂

对于还未成年的小龙来说，父母作为他的法定监护人对其负有监管和保护的法定义务。但是，父母去世后，小龙唯一的哥哥应该承担对小龙的监护义务吗？根据我国《民法典》第一千零七十五条的规定，当未成年人的父母去世或者失去监护能力时，成年兄、姐对未成年弟、妹有监护的责任和扶养的义务。兄、姐扶养未成年弟、妹必须符合以下三个条件：(1) 兄、姐有负担能力；(2) 父母死亡或无力抚养；(3) 弟、妹是未成年人。另外，由兄、姐扶养长大的有负担能力的弟、妹，对丧失劳动能力、孤老无依的兄、姐也有扶养的义务。本案中，因为小龙除了哥哥外没有其他近亲属，并且哥哥已经成年且成家立业，符合我国法律规定的资格，因此大龙应当作为小龙的法定监护人，承担对小龙的扶养义务。

法律条文

《中华人民共和国民法典》

第一千零七十五条 有负担能力的兄、姐，对于父母已经死亡或者父母无力抚养的未成年弟、妹，有扶养的义务。

由兄、姐扶养长大的有负担能力的弟、妹，对于缺乏劳动能力又缺乏生活来源的兄、姐，有扶养的义务。

一句话说法

负有扶养义务的兄弟姐妹的范围包括：同胞兄弟姐妹、同父异母或同母异父兄弟姐妹、养兄弟姐妹和继兄弟姐妹。一般情况下，兄弟姐妹应由他们的父母抚养，因而他们相互之间不发生扶养与被扶养的权利义务关系。但是在特定条件和特定情况下，兄、姐与弟、妹之间会产生有条件的扶养义务。

45. 夫妻离异后孩子跟随母亲共同生活的，母亲有权擅自更改孩子姓名吗？

📞 案例背景

小敏8岁时，父母以感情破裂为由协议离婚，小敏由母亲抚养，父亲按月给小敏抚养费。后小敏母亲在离婚的第二年认识了单身男子张某，两人情投意合并很快登记结婚。婚后，小敏母亲为了让小敏与继父更亲近，便私自将小敏的姓氏改成张。小敏亲生父亲得知此事后，非常生气，找到小敏母亲理论，并要求立刻将小敏的姓氏改回来。

🌀 学法有疑

小敏母亲可以给孩子改姓吗？

🌀 法律讲堂

　　根据我国《民法典》第一千零一十五条规定可知，一般情况下，子女应当随父姓或者母姓。同时，《最高人民法院关于适用〈中华人民共和国民法典〉婚姻家庭编的解释（一）》也规定，父母不得因子女变更姓氏而拒付子女抚育费。父或母一方擅自将子女姓氏改为继母或继父姓氏而引起纠纷的，应责令恢复原姓氏。由此可知，在我国，子女随父姓或随母姓都是合法的，但父母离婚后，一方擅自将子女的姓氏改为继母或者继父的姓氏而引起纠纷的，法院应该责令恢复原姓氏。本案中，小敏的母亲未经前夫同意擅自变更孩子的姓氏，在其前夫反对的情况下，应该让孩子恢复原姓氏。

🌀 法律条文

《中华人民共和国民法典》

第一千零一十五条　自然人应当随父姓或者母姓，但是有下列情形之一的，可以在父姓和母姓之外选取姓氏：

　　（一）选取其他直系长辈血亲的姓氏；

　　（二）因由法定扶养人以外的人扶养而选取扶养人姓氏；

　　（三）有不违背公序良俗的其他正当理由。

　　少数民族自然人的姓氏可以遵从本民族的文化传统和风俗习惯。

《最高人民法院关于适用〈中华人民共和国民法典〉婚姻家庭编的解释（一）》

第五十九条　父母不得因子女变更姓氏而拒付子女抚养费。父或者母擅自将子女姓氏改为继母或继父姓氏而引起纠纷的，应当责令恢复原姓氏。

　　姓名是确定和代表个体自然人并与其他自然人相区别的文字符号和标记。子女在出生时无民事行为能力，由父母确定子女的姓氏是父母行使亲权的体现。子女在成年后，可以通过姓名变更手续，由随父姓改为随母姓，或由随母姓改为随父姓。

46. 孩子有权决定跟谁一起生活吗?

亮亮,你应该和爸爸生活在一起。

爸爸,我可以选择和妈妈一起生活吗?

🗨 案例背景

2019 年 3 月,亮亮的父母因感情不和决定离婚,此时的亮亮刚满 12 周岁,父母双方在商量亮亮的抚养权时出现了分歧。亮亮父母双方的生活条件都很优越,都有能力抚养亮亮。因此,双方都认为亮亮应当跟随自己生活。后来,亮亮说出了自己的想法,他平时都在外婆家生活,所以更愿意和妈妈生活在一起。

🌀 学法有疑

请问亮亮有权决定跟谁一起生活吗?

法律讲堂

12 周岁的亮亮在法律上是限制民事行为能力人，他有一定的能力决定跟谁在一起生活，法院一般也会考虑亮亮的意见。根据我国《最高人民法院关于人民法院审理离婚案件处理子女抚养问题的若干具体意见》规定，父母双方对 10 周岁以上的未成年子女随父或随母生活发生争执的，应考虑该子女的意见。也就是说，亮亮的父母在决定离婚后孩子愿意跟谁的问题上应该征求亮亮的意见。但是法院需要根据子女的权益和双方的具体情况判决，以维护未成年人的合法权益。

法律条文

《最高人民法院关于人民法院审理离婚案件处理子女抚养问题的若干具体意见》

5. 父母双方对 10 周岁以上的未成年子女随父或随母生活发生争执的，应考虑该子女的意见。

限制民事行为能力人对自己身边的人和事有一定的辨别和认识能力，也完全能够知道自己和父母哪一方的关系更亲近，因此，让子女选择随父或者随母生活可以最大限度地降低父母离异对孩子造成的伤害。

47. 父母离婚后，给付子女的抚养费一般是多少?

案例背景

　　王某与妻子贾某结婚后生有一子，取名小琛。小琛 11 岁时，父母感情出现矛盾，不久后便离婚。父母离婚后，小琛跟随母亲一起生活，而父亲每月给付小琛 1000 元抚养费。由于小琛读的是寄宿学校，业余时间还要上各种辅导班，个人开销非常大，贾某的收入很难维持小琛的开销。小琛心疼妈妈，认为爸爸有自己的公司，每月收入好几万元，于是找到爸爸并提出增加抚养费的要求，却遭到了王某的拒绝。后来，小琛在妈妈的代理下向法院提出了增加父亲所支付的抚养费数额的诉求。

学法有疑

　　离婚父母给付子女的抚养费一般是多少? 法院会支持小琛的诉求吗?

🌀 法律讲堂

　　法院会支持小琛的诉求。法律规定，子女抚育费的数额，可根据子女的实际需要、父母双方的负担能力和当地的实际生活水平确定。有固定收入的，抚育费一般可按其月总收入的20%至30%的比例给付。原定抚育费数额不足以维持当地实际生活水平的，或因子女患病、上学，实际需要已超过原定数额的，可以要求增加抚育费。

　　本案中，小琛爸爸给予小琛的生活费显然远远低于法律规定的比例，并且，小琛确实因为上学需要钱，因此其完全可以请求爸爸增加抚养费，按照月薪的20%至30%的比例给付。

🌀 法律条文

《中华人民共和国民法典》

　　第一千零八十五条　离婚后，子女由一方直接抚养的，另一方应当负担部分或者全部抚养费。负担费用的多少和期限的长短，由双方协议；协议不成的，由人民法院判决。

　　前款规定的协议或者判决，不妨碍子女在必要时向父母任何一方提出超过协议或者判决原定数额的合理要求。

《最高人民法院关于适用〈中华人民共和国民法典〉婚姻家庭编的解释（一）》

　　第四十九条　抚养费的数额，可以根据子女的实际需要、父母双方的负担能力和当地的实际生活水平确定。

　　有固定收入的，抚养费一般可以按其月总收入的百分之二十至三十的比例给付。负担两个以上子女抚养费的，比例可以适当提高，但一般不得超过月总收入的百分之五十。

　　无固定收入的，抚养费的数额可以依据当年总收入或者同行业平均收入，参照上述比例确定。

　　有特殊情况的，可以适当提高或者降低上述比例。

　　第五十八条　具有下列情形之一，子女要求有负担能力的父或者母增加抚养费的，人民法院应予支持：

（一）原定抚养费数额不足以维持当地实际生活水平；

（二）因子女患病、上学，实际需要已超过原定数额；

（三）有其他正当理由应当增加。

父母对未成年子女有抚养义务，父母子女关系不因父母离婚而解除。父母离婚后，未直接抚养子女的一方应当支付子女的抚养费，这是法定义务。

48. 离婚后，没有抚养权的一方对自己的子女有探望的权利吗?

案例背景

在小轩9岁那年，父母因感情不和离婚。双方约定小轩跟随母亲生活，父亲按月支付小轩的生活费，允许父亲每周与孩子共同生活一天。一年后，小轩的父亲沾染上了毒品，经常在家吸毒，甚至见孩子的那天，也忘不了吸两口。为此，小轩的母亲很担心。为了避免孩子受到不良影响，小轩母亲便经常以各种借口阻止小轩父亲接走孩子。小轩父亲认为这样的做法侵犯了自己探望孩子的权利，遂将小轩母亲告上法庭，请求法院支持其探望子女的权利。

学法有疑

在这种情况下，法院会支持小轩父亲的诉讼请求吗?

🌀 法律讲堂

我国《民法典》第一千零八十六条第三款明确规定："父或者母探望子女，不利于子女身心健康的，由人民法院依法中止探望；中止的事由消失后，应当恢复探望。"

本案中，小轩的父亲依法享有探望权，但是由于其经常吸毒，这对于小轩的健康成长是不利的，所以根据法律的规定，小轩的母亲可以请求人民法院中止他的探望，而不应该私自阻止小轩的父亲行使探望权。对于小轩的母亲阻止小轩的父亲探望小轩的做法，小轩的父亲有权向法院提出诉请。但是，如果法院查明小轩的父亲吸毒的事实，不利于孩子的生活，那么，小轩父亲的请求就得不到法院的支持，法院有权利中止其探望。等到小轩的父亲戒毒后，他可以再向法院提出申请，由法院恢复其探望。

🌀 法律条文

《中华人民共和国民法典》

第一千零八十六条第三款 父或者母探望子女，不利于子女身心健康的，由人民法院依法中止探望；中止的事由消失后，应当恢复探望。

一句话说法

探望子女的权利是亲权的一项内容，在发生探望权利纠纷时，双方应当先协商，应从有利于子女健康成长的角度出发，对探望的时间、方式以及探望期间双方对子女的安排等做出决定。

49. 亲生父母对非婚生子女是否有抚养义务?

案例背景

　　已经上初二的小雪一直不知道自己的爸爸妈妈是谁，她只知道从她记事的那一刻起就和爷爷奶奶一起生活，爸爸妈妈从未在她面前出现过。上学后，同学们经常在背后说小雪是没有爸妈养的野孩子。小雪心里非常难受，她也很想知道自己的爸爸妈妈到底是谁。每当她问爷爷奶奶这个问题时，爷爷奶奶都只是告诉小雪，爸爸现在有自己的生活，妈妈不知道在什么地方，从不敢提及小雪是私生女的事情。

学法有疑

　　小雪的父母应该这样对待小雪吗?

法律讲堂

　　小雪父母的做法是错误的，孩子有权要求自己的亲生父母履行抚养义务。在实际生活中，非婚生子女的地位通常得不到父母的承认，生活也没有保障。我国法律针对这样的问题，已经作出了非常明确的规定，赋予非婚生子女与婚生子女同等的权利，从立法上保护了非婚生子女的合法权益。我国《民法典》第一千零七十一条规定，非婚生子女享有与婚生子女同等的权利，任何组织或者个人不得加以危害和歧视。不直接抚养非婚生子女的生父或者生母，应当负担未成年子女或者不能独立生活的成年子女的抚养费。由此可知，本案中，小雪虽然是非婚生子女，但其享有的权利和婚生子女是一样的，有权要求其生父或生母履行抚养义务。同时，小雪的同学在背后议论小雪是没爸妈的野孩子的做法是一种歧视行为，会危害到小雪的健康成长，应当及时予以纠正。

法律条文

《中华人民共和国民法典》

第一千零七十一条 非婚生子女享有与婚生子女同等的权利，任何组织或者个人不得加以危害和歧视。

不直接抚养非婚生子女的生父或者生母，应当负担未成年子女或者不能独立生活的成年子女的抚养费。

一句话说法

非婚生子女享有与婚生子女同等的权利。我国《民法典》对非婚生子女的保护主要有以下几个方面：一是任何组织或者个人对非婚生子女不得加以歧视和危害；二是非婚生子女的生父、生母都应当负担未成年子女或者不能独立生活的成年子女的抚养费；三是非婚生子女与生父母之间有相互继承遗产的权利。

50. 对于丧失父母的孩子，外祖父母有抚养的义务吗?

📞 案例背景

　　天天 10 岁了，其父母平时工作都很忙，天天一直由外公外婆照顾。有一天，天天的父母在返回的途中发生车祸不幸离世。从此，天天变成了无父无母的孩子，天天的爷爷奶奶很早就去世了，天天的外公外婆成了天天唯一的依靠，于是，外公外婆决定承担起抚养天天的责任。

🌐 学法有疑

　　对于丧失父母的孩子，外祖父母有抚养的义务吗？

🌐 法律讲堂

　　父母已经死亡或父母无力抚养子女时，祖父母和外祖父母如有负担能力，应履行抚养的义务。对此，我国《民法典》第一千零七十四条第一款规定，有负担能力的祖父母、外祖父母，对于父母已经死亡或父母无力抚养的未成年孙子女、外孙子女，有抚养的义务。因此，天天的父母死亡后，天天的外祖父母有抚养天天的义务。

🌐 法律条文

《中华人民共和国民法典》

　　第一千零七十四条第一款　有负担能力的祖父母、外祖父母，对于父母已经死亡或者父母无力抚养的未成年孙子女、外孙子女，有抚养的义务。

一句话说法

　　祖父母、外祖父母与孙子女、外孙子女是隔代的直系血亲关系，他们之间在具备以下情况时，可以形成抚养和赡养关系：一是被抚养或赡养人的父母或子女死亡或者无抚养或赡养能力；二是被抚养或赡养人确实有困难需要被抚养或赡养；三是承担抚养或赡养义务的人有一定的抚养或者赡养能力。

51. 孩子偷拿父母的钱是否违法?

你是不是偷着拿了我们的钱？你知不知道你这种行为是犯法的。

是我拿了。可是我拿的是你们的钱，又没有偷别人家的钱。

🖊 案例背景

小颖上六年级了，由于父母非常忙，很少管教小颖，导致小颖成了老师和父母眼中的问题少年。他小小年纪不但不好好学习，还经常逃课，甚至结识了一些校外人员，经常和他们出入娱乐场所。小颖家虽然条件优越，但小颖的父母从不溺爱小颖，给小颖的零花钱也是有限的。因此，小颖开始偷偷拿父母的钱去玩。没过多久，小颖父母发现身边少了 2000 元，便问小颖有没有拿钱，小颖一直否认自己拿了钱。于是，小颖父母向公安机关报了案。公安机关经过侦查，查明了案情，小颖也向父母承认了此事。

学法有疑

在本案中，小颖偷拿父母的钱到底算不算犯罪呢？需要追究刑事责任吗？

法律讲堂

首先，我们要知道，盗窃他人钱财不但违法，而且一旦达到《刑法》规定的犯罪数额，就会构成盗窃罪，是要负刑事责任的。盗窃钱财的数额达 2000 元，根据司法解释，已属于"数额较大"，构成了盗窃罪。但是，小颖偷的钱是其父母的，这就有特殊之处了。关于盗窃父母或近亲属的财物，是否构成犯罪以及如何处罚的问题，我国法律作出了特殊的规定。

根据《最高人民法院、最高人民检察院关于办理盗窃刑事案件适用法律若干问题的解释》第八条的规定，偷拿家庭成员或者近亲属的财物，获得谅解的，一般可不认为是犯罪；追究刑事责任的，应当酌情从宽。因此，偷拿父母的钱或近亲属的钱应该和在社会上作案有所区别，如果获得谅解，一般不认为是犯罪。此外，本案中，小颖还在上小学六年级，达不到追究刑事责任的年龄。因此，小颖的行为通常不会被追究刑事责任。但小颖的这种做法是错误的，并会给自己和家庭带来很多不良影响。他应该认真反省，改过自新。

法律条文

《最高人民法院、最高人民检察院关于办理盗窃刑事案件适用法律若干问题的解释》

第八条 偷拿家庭成员或者近亲属的财物，获得谅解的，一般可不认为是犯罪；追究刑事责任的，应当酌情从宽。

《中华人民共和国刑法》

第二百六十四条 盗窃公私财物，数额较大的，或者多次盗窃、入户盗窃、携带凶器盗窃、扒窃的，处三年以下有期徒刑、拘役或者管制，并处或者单处罚金；数额巨大或者有其他严重情节的，处三年以上十年以下有期徒刑，并处罚金；数额特别巨大或者有其他特别严重情节的，处十年以上有期徒刑或者无期徒刑，并处罚金或者没收财产。

一句话说法

　　孩子偷拿自家财物情况严重的也可能构成犯罪，所以家长应该加强对未成年人进行教育，使孩子从小养成良好的习惯，树立正确的价值观，不要随便拿家长的钱，用钱必须经过家长同意。这样可以大大减少孩子的偷盗行为，从而有效地减少未成年人犯罪。

52. 父母将孩子的东西损坏，孩子有权要求父母赔偿吗?

案例背景

在东东 15 岁生日时，叔叔送给他一个新款的手机，东东拿到手机后爱不释手。几天后，东东的母亲担心东东因玩手机而耽误学习，于是决定将东东的手机收归自己所有。东东不同意，母子两人便争吵起来，东东母亲一气之下将东东的手机摔坏。

学法有疑

东东可以向母亲要求赔偿吗?

法律讲堂

东东可以要求母亲赔偿。未成年人享有和成年人同等的权利，可以拥有个人的财产。只要东东的叔叔是想把手机赠送给东东个人，而不是给东东的父母或家庭，那么手机就应当作为东东的个人财产，父母或者其他人都不能将手机收归自己所有。如果是他人造成了东东的财产损失，东东的父母或其他监护人应当向造成东东财产损失的人主张权利，并在必要的时候代理东东进行诉讼，运用法律武器保护东东的合法权益，使东东的财产权益得到保护。但如果是父母造成了未成年子女财产的损失，同样也要承担责任。虽然父母作为监护人，有权利替未成年人保管其财产，但是，财产毕竟是未成年人的，而非监护人所有，损坏了也是要赔偿的。东东的母亲摔坏东东的手机，很明显是故意造成的，所以东东的母亲应当赔偿因此给东东造成的财产损失。

法律条文

《中华人民共和国民法典》

第三十四条 监护人的职责是代理被监护人实施民事法律行为，保护被监护人的人身权利、财产权利以及其他合法权益等。

监护人依法履行监护职责产生的权利，受法律保护。

监护人不履行监护职责或者侵害被监护人合法权益的，应当承担法律责任。

因发生突发事件等紧急情况，监护人暂时无法履行监护职责，被监护人的生活处于无人照料状态的，被监护人住所地的居民委员会、村民委员会或者民政部门应当为被监护人安排必要的临时生活照料措施。

第三十六条第一款　监护人有下列情形之一的，人民法院根据有关个人或者组织的申请，撤销其监护人资格，安排必要的临时监护措施，并按照最有利于被监护人的原则依法指定监护人：

（一）实施严重损害被监护人身心健康的行为；

（二）怠于履行监护职责，或者无法履行监护职责且拒绝将监护职责部分或者全部委托给他人，导致被监护人处于危困状态；

（三）实施严重侵害被监护人合法权益的其他行为。

一句话说法

监护是一种权利，但更体现为一种义务。监护人依法履行监护职责的权利，受法律保护。但同时，监护人不履行监护职责或者侵害被监护人的合法权益的，应当承担相应责任，对被监护人造成财产损失的，应当赔偿损失。必要时还可以申请人民法院撤销监护人的监护资格。

53. 父母并未离婚，子女可以主张抚养费吗?

📞 案例背景

娜娜是高一年级的学生，由于读的是寄宿学校，平时的费用也增加了很多。娜娜的父亲常年在外打工，娜娜则是跟随母亲生活，而父亲几乎没有给娜娜寄过钱。后来，娜娜母亲身体越来越差，已经没有能力挣钱供娜娜上学了，于是娜娜给远在外地的父亲打电话，让他给自己寄生活费，但每次都会遭到父亲的拒绝。

🌐 学法有疑

娜娜的父母没有离婚，娜娜通过法律手段向父亲要求抚养费，法院会支持吗?

🌐 法律讲堂

我国《民法典》第一千零六十七条规定，父母不履行抚养义务的，未成年子女或者不能独立生活的成年子女，有要求父母给付抚养费的权利。也就是说，不管父母双方是否离婚，抚养自己的未成年子女都是父母的法定义务，且法律并没有规定离婚是主张子女抚养费的前置条件。因此，未成年子女可以向未尽抚养义务的任何一方追索抚养费。本案中，虽然娜娜的父母没有离婚，但如果娜娜向法院起诉其父亲请求支付抚养费，法院是会支持的。

🌐 法律条文

《中华人民共和国民法典》

第一千零六十七条　父母不履行抚养义务的，未成年子女或者不能独立生活的成年子女，有要求父母给付抚养费的权利。

……

　　父母对子女有抚养教育的义务，直到子女达到法定年龄或能独立生活为止。如果父母不履行抚养义务，未成年子女或不能独立生活的成年子女，有要求父母给付抚养费的权利，而不管父母是否离婚。

54. 父母可以随意处分孩子的存款吗?

📞 案例背景

小莉刚满 18 岁，是家里的独生女，每年过年都会有很多压岁钱，到 18 岁时，小莉已经存了将近 1 万元的压岁钱了。某天，小莉路过一家琴行时，看上了一把电吉他，决定用自己的压岁钱把它买下来。但是，小莉发现自己放在信封里的钱少了 3000 元。小莉问妈妈有没有见过，小莉妈妈说，前几天因为急着用现金，所以从小莉那儿拿了几千块钱。

🔵 学法有疑

对于子女的存款，父母有权处分吗?

🔵 法律讲堂

小莉的母亲无权随意处理小莉的存款。根据我国《民法典》第二十七条第一款、第三十四条、第三十五条第一款的规定，父母是未成年子女的监护人，监护人应当履行监护职责，保护被监护人的人身、财产及其他合法权益，除为维护被监护人的利益外，不得处理被监护人的财产，否则应当承担法律责任。本案中，小莉的母亲作为小莉的监护人，对小莉的财产具有监护权，但小莉的母亲擅自支取小莉存款的行为，侵害了小莉的合法权益，所以她应该归还小莉的存款。

🌊 法律条文

《中华人民共和国民法典》

第二十七条第一款　父母是未成年子女的监护人。

第三十四条　监护人的职责是代理被监护人实施民事法律行为，保护被监护人的人身权利、财产权利以及其他合法权益等。

监护人依法履行监护职责产生的权利，受法律保护。

监护人不履行监护职责或者侵害被监护人合法权益的，应当承担法律责任。

……

第三十五条第一款　监护人应当按照最有利于被监护人的原则履行监护职责。监护人除为维护被监护人利益外，不得处分被监护人的财产。

未成年人不能完全自主地处分自己的财产，为了保护未成年人的合法权益，其父母是可以代其行使处分权的。但是，这种处分权并不是无约束的，其前提是为了未成年人的合法权益，否则，如不当处分导致未成年人的合法权益受到损失，是要依法对该未成年人进行赔偿的。

55. 父母偷看孩子的日记侵犯孩子的隐私吗?

案例背景

晨晨是某学校初中三年级的学生。因为青春期的影响,晨晨开始有了自己的小秘密,自己的心事不愿和父母分享,养成了写日记的习惯。晨晨父母担心晨晨做一些无关学习的事情,于是有一天,他们趁晨晨出去玩的时候偷看了晨晨的日记,但正巧被突然回来的晨晨发现。晨晨非常生气,他认为父母已经侵犯了自己的隐私。

学法有疑

晨晨的父母有权偷看晨晨的日记吗?

法律讲堂

很多时候,父母为了避免自己的孩子犯错误,恨不得将自己孩子的一举一动都严密监控。然而,这样的做法会适得其反,孩子的抵触情绪会更加严重。父母作为未成年人的监护人尽管负有监护的责任,但是作为家长应当用正确的方式关心子女,了解他们的心态,理解他们的成长,同时多向学校老师了解子女的状况,让孩子有心里话向父母讲,绝不能用私拆信件、偷看日记的方式伤害孩子的自尊。在这方面,我国《未成年人保护法》等法律法规也有规定,父母应当保护未成年人的隐私和人格尊严,正确行使自己的监护职责。

法律条文

《中华人民共和国未成年人保护法》

第四条 保护未成年人,应当坚持最有利于未成年人的原则。处理涉及未成年人事项,应当符合下列要求:

(一)给予未成年人特殊、优先保护;

(二)尊重未成年人人格尊严;

（三）保护未成年人隐私权和个人信息；

（四）适应未成年人身心健康发展的规律和特点；

（五）听取未成年人的意见；

（六）保护与教育相结合。

一句话说法

　　未成年人是不完全民事行为能力人，必须接受家长、学校、社会各方面的教育。对父母而言，他们应当引导未成年人进行有益身心健康的活动，这种教育，必然会在某种程度上对未成年人的自由、隐私形成干涉和妨碍。所以，家长应当把握好度，避免给孩子造成伤害。

56. 未成年人造成他人财产损失的，谁来承担赔偿责任？

叔叔，我没有钱。我让我爸爸赔你钱行吗？

你把我车上的玻璃砸坏了，你要赔我钱。

📞 案例背景

涛涛是一个活泼好动的孩子，喜欢踢足球，在学校担任足球队队长，平时放学回家就喜欢和同学一起踢足球。暑假期间，涛涛和同学约好，到自己家小区的停车场附近进行踢足球比赛。在比赛中，涛涛不小心将足球踢到了一辆汽车上，砸碎了车窗玻璃。车主知道情况后要求涛涛赔偿。

🔵 学法有疑

涛涛需要承担赔偿车主玻璃的责任吗？如果涛涛没有钱，又该由谁来赔偿呢？

🔵 法律讲堂

涛涛将球踢到了汽车上，并且打碎了玻璃，构成了侵权，依据法律是要赔偿的。但是，根据我国《民法典》第一千一百八十八条的规定可知，无民事行为能力人、限制民事行为能力人造成他人损害的，由监护人承担侵权责任。而未成年人的监护人通常是其父母，所以，本案中，对于涛涛造成的汽车玻璃损坏，应当由涛涛的父母对车主进行赔偿。当然，如果涛涛有自己财产的话，可以用本人财产支付赔偿费用，不足部分，再由父母赔偿。

法律条文

《中华人民共和国民法典》

第一千一百八十八条　无民事行为能力人、限制民事行为能力人造成他人损害的，由监护人承担侵权责任。监护人尽到监护职责的，可以减轻其侵权责任。

有财产的无民事行为能力人、限制民事行为能力人造成他人损害的，从本人财产中支付赔偿费用；不足部分，由监护人赔偿。

未成年人侵权时，由于其识别能力存在缺陷且通常没有财产，所以因其侵权行为给他人造成损害的，通常应该由对其存在监护义务或其他监督管理义务的主体承担部分或全部责任，即承担替代责任。

57. 生父去世后，继母有抚养继子女的义务吗？

🔖 案例背景

　　在佳佳 2 岁时，佳佳的母亲因身患疾病去世。第二年，佳佳的父亲在他人介绍下认识了一位单身的女人并与之结婚生子。于是，佳佳和父亲开始与继母生活在一起。不幸的是，在佳佳读初三时，佳佳的父亲外出遭遇车祸，因抢救无效去世。佳佳父亲去世后，继母决定不再抚养佳佳。她不给佳佳买衣服穿，佳佳生病后不给她看病，后来也不给佳佳交学费了。

🌀 学法有疑

　　继母有权拒绝抚养佳佳吗？

🌀 法律讲堂

　　继父母子女关系，是由于父母离婚，一方或双方再婚，或者因为父母一方死亡，另一方再婚，子女与继父或继母之间形成的关系。在通常情况下，他们之间的关系不因生父或生母的去世而解除。当生父母再婚后去世，继父母不能以继子女的生父母去世为由不履行或停止履行对未成年继子女的抚养教育义务。尽管佳佳的父亲已经去世了，然而佳佳和继母的抚养教育关系并不会因此结束。更何况佳佳的亲生母亲在多年前就去世了，现在佳佳是孤身一人。于情于理，佳佳的继母仍然应当履行对佳佳的抚养教育义务，保证其生活及接受义务教育的权利。

🌀 法律条文

《中华人民共和国民法典》

第一千零七十二条　继父母与继子女间，不得虐待或者歧视。

　　继父或者继母和受其抚养教育的继子女间的权利义务关系，适用本法关于父母子女关系的规定。

一句话说法

　　确定继父母与继子女之间形成抚养关系的标准，是未成年的继子女随生父与继母或随生母与继父共同生活，即有抚养事实。如继子女已成年，则不能认为继父母与继子女之间形成抚养关系。

58. 未成年人能否处分自己的财产?

📞 案例背景

小涵是家里唯一的孩子,每年过年都会收到很多的压岁钱。小涵上初一时,已经攒了将近3万元的压岁钱。小涵想买一款手机,于是回家和父母商量此事,但父母认为小涵眼下最重要的是学习,所以不同意小涵买手机。

🌀 学法有疑

那么,小涵能不能用自己的压岁钱买手机呢?小涵的父母能不能干涉呢?

🌀 法律讲堂

根据我国《民法典》第十九条的规定,8周岁以上的未成年人是限制民事行为能力人,可以进行与他的年龄、智力相适应或纯获利益的民事活动;其他民事活动由其法定代理人代理或者征得其法定代理人的同意后实施。本案中,小涵上初一了,属于限制民事行为能力人,依法可以从事与其年龄、智力相适应的民事活动,比如购买书本等。但是,购买手机这样的行为已经明显超出了小涵的能力。因此,小涵是不能自己购买手机的。同时,小涵的父母作为小涵的监护人,有义务对小涵的财产进行监管。

🌀 法律条文

《中华人民共和国民法典》

第十九条 八周岁以上的未成年人为限制民事行为能力人,实施民事法律行为由其法定代理人代理或者经其法定代理人同意、追认;但是,可以独立实施纯获利益的民事法律行为或者与其年龄、智力相适应的民事法律行为。

　　8 周岁以上的未成年人进行的与其年龄、智力相适应或纯获利益的民事行为，才是有效的行为。一旦其从事的活动超出自己所能处理的范围，应当由其法定代理人代为进行；独自进行的，需要经其法定代理人的同意追认，否则，该行为应该被认定为无效。

第 6 章　青少年社会保护法律知识

59. 年满 16 周岁的未成年人能否参加工作?

我已经16周岁了，
为什么还不可以工作？

你还没有成年，
我们不能聘用你。

📞 案例背景

　　于某作为一名高二的学生，觉得自己成绩太差，即使勉强考上了大学，在四年之后的就业中也未必具有优势。于是，于某向父母提出想要放弃学业，提前进入社会工作，积累工作经验。于某还向父母表示，自己已经 16 周岁，生活能够自理，所以参加工作不存在问题，最终父母对于某的决定表示支持。但当于某到一家公司应聘时，却遭到该公司的拒绝，理由是于某尚未成年。于某拿出身份证解释自己已经 16 周岁了，可以参加工作。

🌀 学法有疑

年满 16 周岁的未成年人可以参加工作吗?

🌀 法律讲堂

《未成年人保护法》第六十一条第一款及第三款规定,任何组织或者个人不得招用未满 16 周岁未成年人,国家另有规定的除外。招用已满 16 周岁未成年人的单位和个人应当执行国家在工种、劳动时间、劳动强度和保护措施等方面的规定,不得安排其从事过重、有毒、有害等危害未成年人身心健康的劳动或者危险作业。我国《劳动法》第十五条也有类似规定。根据上述法律规定,于某已经年满 16 周岁,完成了九年义务教育,符合法律对于未成年人参加工作的年龄界限和受教育程度的规定,所以于某是可以参加工作的。至于对于某录取与否,则应当根据招工的实际标准和要求进行选择。

🌀 法律条文

《中华人民共和国未成年人保护法》

第六十一条 任何组织或者个人不得招用未满十六周岁未成年人,国家另有规定的除外。

营业性娱乐场所、酒吧、互联网上网服务营业场所等不适宜未成年人活动的场所不得招用已满十六周岁的未成年人。

招用已满十六周岁未成年人的单位和个人应当执行国家在工种、劳动时间、劳动强度和保护措施等方面的规定,不得安排其从事过重、有毒、有害等危害未成年人身心健康的劳动或者危险作业。

任何组织或者个人不得组织未成年人进行危害其身心健康的表演等活动。经未成年人的父母或者其他监护人同意,未成年人参与演出、节目制作等活动,活动组织方应当根据国家有关规定,保障未成年人合法权益。

《中华人民共和国劳动法》

第十五条 禁止用人单位招用未满十六周岁的未成年人。

文艺、体育和特种工艺单位招用未满十六周岁的未成年人，必须遵守国家有关规定，并保障其接受义务教育的权利。

　　法律规定，除特殊行业外，最小工作年龄是 16 周岁，即年满 16 周岁的人可以参加工作，未满 16 周岁则不可以。且对已满 16 周岁未满 18 周岁的未成年工实行特殊劳动保护，不得要求他们从事矿山井下、有毒有害、劳动强度大的工作。用人单位若招录 16 周岁以下的未成年人，除法定情形外，则属于非法使用童工的行为，要承担法律责任。

60. 未成年工有权获得劳动报酬吗?

请问为什么我一直没有工资?

你是未成年人,按照规定是没有资格领取工资的。

📞 案例背景

小强16周岁了,由于学习不好,再加上家里的经济条件差,小强决定到城里打工,这一决定也得到了父母的同意。后小强应聘到一家机械制造加工厂工作。但小强工作已经超过半年了,也没见到一分钱的工资。于是,小强找到工厂负责人询问情况。工厂负责人说,小强作为未成年人,工厂可以负责他的住宿,但是依照惯例不会给予未成年工报酬,等他成年后才能作为正式工人领取工资。

🔵 学法有疑

小强有权获得劳动报酬吗?

🌀 法律讲堂

无论是未成年工还是成年工，作为劳动者都享有法律赋予的平等权利，同时也要履行法律规定的义务。依据我国《劳动法》第十五条第一款的规定，禁止用人单位招用未满 16 周岁的未成年人。该条规定体现了国家对未满 16 周岁的未成年人实行的保护政策。此外，我国《劳动法》第三条第一款规定，劳动者享有平等就业和选择职业的权利、取得劳动报酬的权利、休息休假的权利、获得劳动安全卫生保护的权利、接受职业技能培训的权利、享受社会保险和福利的权利、提请劳动争议处理的权利以及法律规定的其他劳动权利。由此可知，用人单位可以招用年满 16 周岁的未成年人，同时年满 16 周岁的未成年人作为劳动者也应享有取得劳动报酬的权利。

本案中，小强作为年满 16 周岁的未成年人，按照法律规定，可以参加工作。同时作为工厂生产的劳动者，因为自己的劳动付出同其他成年劳动者一样，小强享有获得同样劳动报酬的权利。所以，工厂以小强是未成年人为由而不支付劳动报酬的做法是违反法律规定的，应当及时予以改正，按月支付劳动报酬。

🌀 法律条文

《中华人民共和国劳动法》

第三条第一款　劳动者享有平等就业和选择职业的权利、取得劳动报酬的权利、休息休假的权利、获得劳动安全卫生保护的权利、接受职业技能培训的权利、享受社会保险和福利的权利、提请劳动争议处理的权利以及法律规定的其他劳动权利。

第十五条　禁止用人单位招用未满十六周岁的未成年人。

文艺、体育和特种工艺单位招用未满十六周岁的未成年人，必须遵守国家有关规定，并保障其接受义务教育的权利。

一句话说法

  国家为保护未成年人的健康成长，对未成年人的就业年龄予以限制，禁止用人单位招用未满 16 周岁的未成年人。已满 16 周岁未满 18 周岁的劳动者，我们称之为未成年工，这类人群属于劳动法的主体，享有与成年劳动者同等的权利。

61. 法律对于未成年工给予的特殊保护有哪些？

妈妈，我不想再上学了，我想出去打工挣钱。

可是你还没有成年，要做什么样的工作啊？

📞 案例背景

　　周某由于学习成绩一直不理想，产生了厌学的情绪。于是，高中毕业时，17 岁的周某向父母提出不再上学的想法，并表示自己已经年满 17 岁，能够很好地照顾自己，想要出去打工。看到周某的态度十分坚决，父母只得同意了周某的决定。那么，依据相关的法律政策，周某在选择工作时，可以从事什么样的工作，会受到哪些法律保护呢？

🌀 学法有疑

　　法律对于未成年工给予怎样的特殊保护？

🌀 法律讲堂

　　我国法律虽然允许年满 16 周岁的未成年人参加工作，但是未成年人在工作经验以及身体机能等诸多方面，仍然处于成长阶段，与成年人相比较，仍存在差异。为了更好地保护未成年人的权益与身体健康，法律从未成年人的特性出发，对于未成年人参加工作设置了许多特殊保护规定。如我国《劳动法》第五十八条规定："国家对女职工和未成年工实行特殊劳动保护。未成年工是指年满十六周岁未满十八周岁的劳动者。"第六十四条规定："不得安排未成年工从事矿山井下、有毒有害、国家规定的第四级体力劳动强度的劳动和其他禁忌从事的劳动。"第六十五条还规定了用人单位对未成年工安排定期健康检查的义务。同时，《未成年人保护法》第六十一条第二款、第三款及第四款规定，营业性娱乐场所、酒吧、互联网上网服务营业场所等不适宜未成年人活动的场所不得招用已满 16 周岁的未成年人。招用已满 16 周岁未成年人的单位和个人应当执行国家在工种、劳动时间、劳动强度和保护措施等方面的规定，不得安排其从事过重、有毒、有害等危害未成年人身心健康的劳动或者危险作业。任何组织或者个人不得组织未成年人进行危害其身心健康的表演等活动。经未成年人的父母或者其他监护人同意，未成年人参与演出、节目制作等活动，活动组织方应当根据国家有关规定，保障未成年人合法权益。

　　本案中，周某作为一名年满 16 周岁的未成年人，想要参加工作，应当了解以上法律规定，在法律允许的行业内进行工作选择，并且在自己的利益受到危害时，学会用法律武器保护自己的合法权益。

🌀 法律条文

《中华人民共和国劳动法》

第五十八条　国家对女职工和未成年工实行特殊劳动保护。

未成年工是指年满十六周岁未满十八周岁的劳动者。

第六十四条 不得安排未成年工从事矿山井下、有毒有害、国家规定的第四级体力劳动强度的劳动和其他禁忌从事的劳动。

第六十五条 用人单位应当对未成年工定期进行健康检查。

《中华人民共和国未成年人保护法》

第六十一条 任何组织或者个人不得招用未满十六周岁未成年人，国家另有规定的除外。

营业性娱乐场所、酒吧、互联网上网服务营业场所等不适宜未成年人活动的场所不得招用已满十六周岁的未成年人。

招用已满十六周岁未成年人的单位和个人应当执行国家在工种、劳动时间、劳动强度和保护措施等方面的规定，不得安排其从事过重、有毒、有害等危害未成年人身心健康的劳动或者危险作业。

任何组织或者个人不得组织未成年人进行危害其身心健康的表演等活动。经未成年人的父母或者其他监护人同意，未成年人参与演出、节目制作等活动，活动组织方应当根据国家有关规定，保障未成年人合法权益。

一句话说法

我国法律虽然规定未成年工可以参加工作，但考虑到未成年人的身体和心理发展特点，对其从事的工种、工作强度、劳动时间以及劳动强度等方面都作出了限制，以此来保护未成年工的合法权益。

62. 当未成年工被单位强迫进行危险作业时，该如何保护自己？

🔍 案例背景

　　陈某刚满 16 周岁，考虑到家庭生活困难，他应聘到煤矿企业工作。刚到公司时，陈某只负责安保，工作很轻松，陈某也很乐意做这份工作。可不久后，陈某就被强令进行井下作业，陈某向负责人解释自己作为一名未成年工，不能接受这样的劳动强度。但是相关负责人表示，虽然陈某未成年，但作为本企业的职工，应当服从企业的工作安排，否则将被给予相应的处分。

📖 学法有疑

当未成年工被单位强迫进行危险作业时，该如何保护自己？

📖 法律讲堂

法律设置了特殊保护规定来保障未成年工的身心健康，《劳动法》第六十四条明确规定："不得安排未成年工从事矿山井下、有毒有害、国家规定的第四级体力劳动强度的劳动和其他禁忌从事的劳动。"当企业强迫未成年工进行危险作业时，未成年工应当学会用法律武器来维护自己的合法权益。依据《劳动法》第五十六条第二款的规定，劳动者对用人单位管理人员违章指挥、强令冒险作业，有权拒绝执行；对危害生命安全和身体健康的行为，有权提出批评、检举和控告。本案中，在法律明确规定了用人单位不得安排未成年工从事矿山井下作业的情况下，用工单位仍然强迫陈某进行井下作业，这明显是违反法律规定的行为。因此，陈某有权拒绝执行，同时，陈某还有权对该用工单位的行为提出批评、检举或者控告，通过法律的武器来保障自己的合法权益。

🌐 法律条文

《中华人民共和国劳动法》

第五十六条第二款 劳动者对用人单位管理人员违章指挥、强令冒险作业，有权拒绝执行；对危害生命安全和身体健康的行为，有权提出批评、检举和控告。

第六十四条 不得安排未成年工从事矿山井下、有毒有害、国家规定的第四级体力劳动强度的劳动和其他禁忌从事的劳动。

一句话说法

未成年工的身心发育还不完全成熟，对于所从事工作的危险程度缺乏准确认识，遇到危险很难正确做出应对，同时又正处在身体成长阶段，如果让其从事危险系数高、劳动强度大的工作，势必会对其健康造成危害，因此，对未成年工所从事的职业进行限制是十分必要的。

63. 未成年人可以买彩票吗？

我想买张彩票。

你还没成年，
不能买。

🖊 案例背景

小跃今年上初中三年级了，对任何事物都充满好奇。周末，小跃与同学相约一起逛街，当他们路过一家彩票站时，看到该彩票站打出了"本站喜中 50 万元奖金"的条幅，小跃产生了浓厚的兴趣，决定进去买一张彩票。这时同学说，他们未满 18 周岁，不能买彩票。但是小跃不顾劝阻，径自走到彩票站买彩票。彩票站的工作人员得知小跃还不满 18 岁，表示不能将彩票卖给他。

💧 学法有疑

身为未成年人，小跃到底能不能买彩票？

💧 法律讲堂

彩票作为政府筹集社会公益资金的一项重要渠道，对于发展社会福利慈善事业、国家体育事业等都具有重要的促进作用。同时，购买彩票中奖的彩民也可能因此受益，改善自己的生活。但是，现实中也不乏因为彩票而导致价值观扭曲的例子，成年人尚且如此，正处于价值观形成阶段的未成年人则更加容易受到这样的影响。因此，我国《彩票管理条例》第十八条明确规定，禁止彩票发行机构、彩票销售机构、彩票代销者向未成年人出售彩票。本案中，未成年的小跃去买彩票，彩票站工作人员的做法是符合法律要求的。

🔍 法律条文

《彩票管理条例》

第十八条 彩票发行机构、彩票销售机构、彩票代销者不得有下列行为：

（一）进行虚假性、误导性宣传；

（二）以诋毁同业者等手段进行不正当竞争；

（三）向未成年人销售彩票；

（四）以赊销或者信用方式销售彩票。

一句话说法

未成年人身心发育尚不成熟，购买彩票不仅会分心，耽误学习，还可能使其形成侥幸的赌博心态，不利于正确价值观的形成。

64. 哪些场所是未成年人禁止进入的？

案例背景

涛涛作为家里的独子，自小便受到全家人的宠爱。上初中后，涛涛迷上了网络游戏，学习成绩一落千丈，涛涛的父母对此感到十分忧心。在多次劝说无果的情况下，涛涛父母一气之下砸了家里的电脑。电脑被砸坏后，涛涛决定到网吧去玩。但是，涛涛刚到网吧门口就被保安拦下询问他的年纪，涛涛说自己只有 15 岁，保安禁止他进入网吧。

学法有疑

哪些活动场所是未成年人禁止进入的？

法律讲堂

未成年人由于受到年龄、心智发展、社会经验等限制，身心发育还不健全，极容易受到不良行为的影响，所以，为了保障未成年人的身心得到健康发展，我国《未成年人保护法》明确规定，不得允许未成年人进入营业性歌舞娱乐场所、酒吧、互联网上网服务营业场所等不适宜未成年人活动的场所。同时，还要求这些场所应当在显著位置设置未成年人禁入、限入的标志，对于难以判明是否已成年的，要求其出示身份证件。本案中，身为未成年人的涛涛被禁止进入网吧，正是基于法律的规定。

法律条文

《中华人民共和国未成年人保护法》

第五十八条 学校、幼儿园周边不得设置营业性娱乐场所、酒吧、互联网上网服务营业场所等不适宜未成年人活动的场所。营业性歌舞娱乐场所、酒吧、互联网上网服务营业场所等不适宜未成年人活动场所的经营者，不得允许未成年人进入；游艺娱乐场所设置的电子游戏设备，除国家法定节假日外，不得向未成年人提供。经营者应当在显著位置设置未成年人禁入、限入标志；对难以判明是否是未成年人的，应当要求其出示身份证件。

一句话说法

　　未成年人正处在认识世界、树立正确的人生观和价值观的关键时期，所以需要用更多正面的、积极的因素去引导他们，而歌舞娱乐、电子游戏厅等场所鱼龙混杂，甚至可能有暴力内容，缺乏自我判断的未成年人进入，容易误入歧途。

65. 未成年人能购买烟酒产品吗?

📞 案例背景

　　李某的父母都在外地打工，李某跟着爷爷奶奶一起生活。由于父母对李某疏于管教，爷爷奶奶比较溺爱他，加之他正处于青春叛逆期，读完初三就退学了。因为他年纪比较小，找不到合适的工作，就整天无所事事，在街上闲逛，甚至结识了一些社会青年，学会了抽烟喝酒。一天，李某到家附近的一家商店去买烟，由于商店老板认识李某，就告诉李某未成年人不能抽烟，所以不能把烟卖给李某。

🌀 学法有疑

　　商店老板的做法对吗？未成年人购买烟酒会受到限制吗？

🌀 法律讲堂

　　未成年人的身体各项器官发育还不完全，过早地吸烟、饮酒，会给未成年人的身体健康造成极大的伤害。此外，未成年人年纪比较小，自制能力较差，在尝试过吸烟、酗酒后非常容易沉溺其中。而且，由于未成年人几乎没有经济来源，一旦他们吸烟、酗酒成瘾，就会想尽各种办法得到烟、酒，以致引发犯罪行为，不仅给自己带来伤害，还对家庭幸福、社会稳定造成破坏，甚至可能葬送本应有的美好未来。所以，为了让未成年人免受吸烟、酗酒造成的伤害，我国《未成年人保护法》规定，禁止向未成年人出售烟、酒，未成年人的监护人以及学校等都要教育未成年人不得吸烟、酗酒。本案中，李某属于未成年人，商店老板坚决不卖给李某烟的做法是符合法律规定的。

法律条文

《中华人民共和国未成年人保护法》

第五十九条　学校、幼儿园周边不得设置烟、酒、彩票销售网点。禁止向未成年人销售烟、酒、彩票或者兑付彩票奖金。烟、酒和彩票经营者应当在显著位置设置不向未成年人销售烟、酒或者彩票的标志；对难以判明是否是未成年人的，应当要求其出示身份证件。

任何人不得在学校、幼儿园和其他未成年人集中活动的公共场所吸烟、饮酒。

一句话说法

未成年人生理、心理发育尚未成熟，缺乏自我保护的能力，是个人权益容易受到侵害的群体。未成年人的健康成长需要家庭、学校、社会的共同努力。禁止向未成年人出售烟酒有利于为未成年人创造良好的社会环境，避免其误入歧途。

66. 可以采取哪些措施来帮助流浪儿童?

你怎么这么小就在路上乞讨啊?你父母呢?

我爸爸和我断绝了父子关系,我没有钱生活下去了。

📞 案例背景

13 岁的吴某因父母管教太严与父母激烈地争吵起来,甚至和父母大打出手,吴某父亲一气之下宣布要和吴某断绝父子关系,因此,吴某选择了离家出走。吴某带着身上仅有的 500 元来到另一个城市,不久吴某就花光了身上所有的钱。由于他还没有成年,找不到工作,又不想回头求父母,因此生活难以为继,百般无奈之下的吴某只能去乞讨。

◑ 学法有疑

对于吴某这样的流浪儿童,法律规定了哪些帮助措施?

🌀 法律讲堂

一些由于失去双亲、离家出走等原因离开家庭的未成年人，因为年纪还比较小，劳动能力比较低，找不到合适的工作，又没有经济收入，无奈之下会选择流浪乞讨。这对于未成年人的身心发展是十分不利的，他们会面临各种本不应该由他们这个年纪面对的困难和危险。同时，他们还有可能成为社会的不安定因素。所以，我国《未成年人保护法》要求民政部门依法采取措施对流浪乞讨等生活无着落的未成年人进行临时监护。

🌀 法律条文

《中华人民共和国未成年人保护法》

第九十二条 具有下列情形之一的，民政部门应当依法对未成年人进行临时监护：

（一）未成年人流浪乞讨或者身份不明，暂时查找不到父母或者其他监护人；

……

根据我国未成年人保护法的规定，民政部门应当依法对特定情形的未成年人，例如吴某这样的流浪儿童进行临时监护，具体会采取委托亲属抚养、家庭寄养等方式对其进行安置，或是交由未成年人救助保护机构或者儿童福利机构对其进行收留、抚养。

67. 父母为未成年子女投保以死亡为给付条件的人身保险的最高保险金额是多少？

🔖 案例背景

丽丽的父母结婚第 5 年时才怀上丽丽。丽丽出生后，一家人对她百般宠爱，生怕丽丽受一点伤害。丽丽 7 岁时，周围许多邻居都为自己的孩子购买健康保险，为了更好地保障孩子的健康成长，丽丽的父母也想为孩子购买健康保险。考虑到现代社会生存风险的加大，丽丽的父母想要为女儿投保死亡险，但是不了解关于投保金额的相关规定。

🌀 学法有疑

父母为未成年子女投保的以死亡为给付条件的人身保险的最高保险金额是多少？

🌀 法律讲堂

出于对未成年人人身安全的保护，法律对于为未成年人投保死亡险以及保险金额作出了限制性规定。投保人不得为无民事行为能力人投保以死亡为给付保险金条件的人身保险，父母为其未成年子女投保的人身保险除外。但是，因被保险人死亡给付的保险金总和不得超过国务院保险监督管理机构规定的限额。《中国保监会关于父母为其未成年子女投保以死亡为给付保险金条件人身保险有关问题的通知》第一条规定："对于父母为其未成年子女投保的人身保险，在被保险人成年之前，各保险合同约定的被保险人死亡给付的保险金额总和、被保险人死亡时各保险公司实际给付的保险金总和按以下限额执行：（一）对于被保险人不满 10 周岁的，不得超过人民币 20 万元。（二）对于被保险人已满 10 周岁但未满 18 周岁的，不得超过人民币 50 万元。"本案中，丽丽未满 10 周岁，所以，其父母想要为其投保死亡险，那么最高保险金额不得超过人民币 20 万元。

🔵 法律条文

《中华人民共和国保险法》

第三十三条 投保人不得为无民事行为能力人投保以死亡为给付保险金条件的人身保险，保险人也不得承保。

父母为其未成年子女投保的人身保险，不受前款规定限制。但是，因被保险人死亡给付的保险金总和不得超过国务院保险监督管理机构规定的限额。

《中国保监会关于父母为其未成年子女投保以死亡为给付保险金条件人身保险有关问题的通知》

一、对于父母为其未成年子女投保的人身保险，在被保险人成年之前，各保险合同约定的被保险人死亡给付的保险金额总和、被保险人死亡时各保险公司实际给付的保险金总和按以下限额执行：

（一）对于被保险人不满 10 周岁的，不得超过人民币 20 万元。

（二）对于被保险人已满 10 周岁但未满 18 周岁的，不得超过人民币 50 万元。

法律允许父母为未成年子女投保死亡险，是因为双方之间存在抚养亲情基础关系，从善良角度出发，父母通常不会因获取保险金的需求而伤害未成年孩子，因而特别予以险种上的放宽。这样做也能在家庭面临子女死亡的重大变故时，给予父母一定的经济补偿。

68. 因在游乐场使用毁坏的游乐设施导致受伤，谁来承担赔偿责任?

我们的孩子受伤是因为你们游乐场的设施不完善，请你们承担赔偿责任。

我们已经尽到了应尽的义务，孩子摔伤是你们做父母的责任，与我们无关。

🔖 案例背景

　　星期天是东东 11 岁的生日，东东的父母为了给孩子过一个难忘的生日，便带东东到游乐场游玩。刚到游乐场的东东一眼就看到了旋转木马，二话没说就坐了上去，结果刚上去不久就摔了下来。父母立刻把东东送到医院，经过医院治疗，确诊为左胳膊骨折。事后，东东的父母找到游乐园的负责人，称东东是因为使用损坏的游乐设施才受伤的，而且已经损坏的游乐设施没有贴警示牌，因此，游乐园应当承担赔偿责任。

🌀 学法有疑

游乐园应当承担责任吗？

🌀 法律讲堂

游乐设施是供游客游玩而设立的，游乐园应当尽到保障游客安全的义务。我国《民法典》第一千一百九十八条规定："宾馆、商场、银行、车站、机场、体育场馆、娱乐场所等经营场所、公共场所的经营者、管理者或者群众性活动的组织者，未尽到安全保障义务，造成他人损害的，应当承担侵权责任……"游乐园设置的游乐设施，应当符合一定的安全标准。对于不适合儿童游玩，或者已经损坏的游乐设施，都应当有明显的告知标志。如果游乐园没有尽到这些义务而导致游客受伤，应当赔偿游客所遭受的损失。本案中，游乐园的旋转木马坏了，游乐园方面未进行修理，也没有采取任何警示措施告知游客。游乐园的行为明显违背了公共安全的保障义务要求。且木马损坏也是导致东东受伤的直接原因，因此，游乐园应当承担东东的医疗费用。

🌀 法律条文

《中华人民共和国民法典》

第一千一百九十八条　宾馆、商场、银行、车站、机场、体育场馆、娱乐场所等经营场所、公共场所的经营者、管理者或者群众性活动的组织者，未尽到安全保障义务，造成他人损害的，应当承担侵权责任。

因第三人的行为造成他人损害的，由第三人承担侵权责任；经营者、管理者或者组织者未尽到安全保障义务的，承担相应的补充责任。经营者、管理者或者组织者承担补充责任后，可以向第三人追偿。

一句话说法

　　游乐场作为公共娱乐场所，对其所经营的范围负有安全保障义务，消费者在游乐场消费，其人身安全应该受到保障。如果游乐场未尽到安全保障义务，致使游客在游乐场发生损害，那么游乐场应该承担相应的赔偿责任。

69. 商场可以在试衣间安装摄像头吗?

🔖 案例背景

丽丽已经 17 岁了，她从小就是个爱美的姑娘。某日，丽丽和妈妈去商场购买新衣服。刚逛了一会儿，丽丽就看中了一件蓝色的毛衣，便拿给妈妈看，妈妈也觉得很漂亮。于是，丽丽让店员给自己拿了一件，到试衣间去试穿。当丽丽走进试衣间后，发现头顶上有一个摄像头，丽丽立刻冲出试衣间，告诉了妈妈。丽丽妈妈立即向商场投诉，认为这种做法侵犯了顾客的隐私权。

🌀 学法有疑

商场试衣间可以安装摄像头吗?

🌀 法律讲堂

商场在试衣间安装摄像头是不合法的。"电子眼"等各种视频监控装置在提高整个社会公共安全系数的同时，带来的一些负面效应也不容忽视。近年来，因部分服装商场的试衣间、酒吧包房、酒店房间，甚至公共卫生间里暗藏摄像头而引发的纠纷屡屡出现。事实上，在这些场合安装摄像头是侵犯公民个人隐私权的表现。我国《民法典》将隐私权作为重要的人格权益，并对其予以保护。此外，由于未成年人身心各方面发育还未成熟，对于未成年人隐私权的保护国家也特别重视。我国《未成年人保护法》等相关法律、法规都作出专门规定，保护未成年人的隐私权，尊重其人格尊严。案例中，商场在试衣间安装摄像头的做法显然是不合法的，侵犯了丽丽的隐私权。市场监管部门应当责令商场将摄像头拆除，并要求商场向丽丽及其妈妈道歉。

📖 法律条文

《中华人民共和国民法典》

第一千零三十二条 自然人享有隐私权。任何组织或者个人不得以刺探、侵扰、泄露、公开等方式侵害他人的隐私权。

隐私是自然人的私人生活安宁和不愿为他人知晓的私密空间、私密活动、私密信息。

第一千零三十三条 除法律另有规定或者权利人明确同意外，任何组织或者个人不得实施下列行为：

（一）以电话、短信、即时通讯工具、电子邮件、传单等方式侵扰他人的私人生活安宁；

（二）进入、拍摄、窥视他人的住宅、宾馆房间等私密空间；

（三）拍摄、窥视、窃听、公开他人的私密活动；

（四）拍摄、窥视他人身体的私密部位；

（五）处理他人的私密信息；

（六）以其他方式侵害他人的隐私权。

一句话说法

隐私权是自然人享有的对其个人与公共利益无关的个人信息、私人活动和私有领域进行支配的一种人格权。隐私权在性质上是绝对权，其核心内容是对自己的隐私依照自己的意志进行支配，其他任何人都不得侵害。

70. 助人为乐时受伤，责任谁来承担？

案例背景

蕾蕾从小就是一个乐于助人的孩子，老师和同学都非常喜欢她。周末上午，蕾蕾和同学约好一起去帮助孤寡老人。蕾蕾在帮一位老太太打扫屋子的时候，不小心从凳子上摔了下来，摔伤了胳膊。事后，蕾蕾的父母打算要求老太太承担医药费，但一想到老太太一个人不容易，蕾蕾和父母都于心不忍。

学法有疑

这医药费该由谁承担呢？

法律讲堂

蕾蕾帮助孤寡老太太打扫屋子，是做好事，值得表扬。蕾蕾的妈妈认为蕾蕾受伤是因为给老太太打扫屋子导致的，应该由老太太来承担医药费，这在情理上也是可以理解的。

我国《民法典》第一千一百八十六条规定："受害人和行为人对损害的发生都没有过错的，依照法律的规定由双方分担损失。"本案中，关于医药费由谁承担的问题，从法律上来讲，可以根据实际情况，由蕾蕾的家人和老太太来分担，这也体现了法律的公平。在蕾蕾受伤这件事上，蕾蕾本人和老太太都没有过错，对于蕾蕾的医药费，双方可以商议一个分担比例，经济条件好的，就多承担一些，经济条件不好的，就少承担一些。当然，如果蕾蕾及其家人认为老太太没什么经济来源，不需要老太太承担部分医药费的话，也是值得鼓励的。

法律条文

《中华人民共和国民法典》

第一千一百八十六条 受害人和行为人对损害的发生都没有过错的，依照法律的规定由双方分担损失。

一句话说法

　　助人为乐是中华民族的传统美德，应该大力弘扬。但是，受助者在接受帮助时，对人员的选择以及安全技术的运用均应尽到谨慎的注意义务。而作为助人者，在义务帮工的过程中也应注意安全，量力而行，否则，一旦发生损害后果，难免会因赔偿引起纠纷。

71. 鞭炮质量不合格致人损害，谁来承担赔偿责任？

案例背景

乐乐 10 岁了，从小就很淘气。春节时，乐乐和父母一起回到老家过年。为了增添节日气氛，乐乐爸爸买了些鞭炮去放。乐乐觉得放鞭炮很有意思，偷偷地拿了一串鞭炮和小伙伴一起出去玩了。乐乐小心翼翼地点燃了鞭炮，但是，几分钟后，鞭炮还是没有动静。乐乐以为没点着，就过去再点一次，就在这时，鞭炮突然响了，乐乐的眼睛被炸伤。

学法有疑

因质量不合格的鞭炮导致乐乐眼睛受伤，由谁承担责任？

法律讲堂

根据我国《民法典》《产品质量法》等法律法规的规定，由于商品质量不合格造成他人人身损害的，既可以要求销售者予以赔偿，也可以要求生产者予以赔偿。所以，乐乐一家既可以向鞭炮销售点提出赔偿，也可以要求该鞭炮的生产者赔偿。

在此，需要提醒的是，烟花爆竹为危险物品，《烟花爆竹安全管理条例》第二十九条明确规定，未成年人的监护人应当做好未成年人安全燃放烟花爆竹的教育工作。青少年年龄还小，监护人一定要提醒他们注意安全。

法律条文

《烟花爆竹安全管理条例》

第二十九条第三款　未成年人的监护人应当对未成年人进行安全燃放烟花爆竹的教育。

《中华人民共和国产品质量法》

第四十三条　因产品存在缺陷造成人身、他人财产损害的，受害人可以向产品的生产者要求赔偿，也可以向产品的销售者要求赔偿。属于产品的生产者的责任，产品的销售者赔偿的，产品的销售者有权向产品的生产者追偿。属于产品的销售者的责任，产品的生产者赔偿的，产品的生产者有权向产品的销售者追偿。

《中华人民共和国民法典》

第一千二百零三条 因产品存在缺陷造成他人损害的，被侵权人可以向产品的生产者请求赔偿，也可以向产品的销售者请求赔偿。

产品缺陷由生产者造成的，销售者赔偿后，有权向生产者追偿。因销售者的过错使产品存在缺陷的，生产者赔偿后，有权向销售者追偿。

因产品质量致人损害的，消费者可以要求销售者或者生产者进行赔偿，但不能向运输者或仓储者求偿。如果受害人不能准确判明缺陷产品到底是在哪个环节出现的，可以在产品的制造者和销售者中选择其一作为被告，也可以同时对二者起诉。

72. 行人不慎掉进未盖井盖的井中受伤，责任谁来承担？

> 因为你们没有设警示牌，我们的孩子才掉进井里受伤的。你们要赔偿我们医药费。

> 是她不小心才掉进去的，别人怎么没事儿？我们没有责任。

📞 案例背景

　　小林今年已经升入高三了，即将面临高考的她学习非常紧张，每天下了晚自习才回家。星期五晚上，小林回家时由于天太黑，不慎掉入未盖井盖的井中，后被送进医院。经过医院检查，小林的左胳膊脱臼，右腿也骨折了。事后，小林的父母认为，小林掉入井中受伤是因为未盖井盖的井旁边没有设立警示牌，便找到相关管理方要求赔偿。但是管理方坚持认为是小林自己不小心才会掉入井中的。小林的父母无奈之下只能将管理方告上法院，要求管理方进行赔偿。

🌀 学法有疑

　　法院会支持小林父母的要求吗？

🌀 法律讲堂

本案中，井盖周围并没有"行人避让""小心绕行"等明显标志，因此小林在此事上没有任何过错。小林掉入井中受伤，可依据《民法典》第一千二百五十八条规定要求管理方承担责任，管理方以小林自己不小心才会掉入井中为由推卸责任的做法在道德上应该受到社会的谴责，在法律上也是站不住脚的。对此，小林的父母作为小林的法定监护人，有权利通过法律手段要求管理方赔偿小林的医药费，维护小林的合法权益。

🌀 法律条文

《中华人民共和国民法典》

第一千二百五十八条　在公共场所或者道路上挖掘、修缮安装地下设施等造成他人损害，施工人不能证明已经设置明显标志和采取安全措施的，应当承担侵权责任。

窨井等地下设施造成他人损害，管理人不能证明尽到管理职责的，应当承担侵权责任。

一句话说法

在公共场所或者道路上施工，应当设置明显标志和采取安全措施。首先，设置的警示标志必须具有明显性。其次，施工人要保证警示标志的稳固并负责对其进行维护，使警示标志持续地存在于施工期间。最后，仅设置明显标志不足以保障他人的安全的，施工人还应当采取其他有效的安全措施。

73. 路过时被他人养的宠物咬伤，向谁要求赔偿？

📞 案例背景

星期天上午，妈妈吩咐小玲去楼下的超市买酱油。小玲刚走到楼下就碰到了邻居王叔叔家养的小狗，小玲无意中看了小狗一眼，结果小狗就冲着小玲一阵乱叫乱咬。小玲非常害怕，想要快速跑回家，但小狗就是追着小玲不放，结果小玲被咬伤。小玲在父母的陪同下到医院打了狂犬疫苗。事后，小玲的父母找到小狗的主人王某，要求王某赔偿小玲医药费，但是遭到了王某的拒绝。

🌀 学法有疑

小玲的父母应该怎么办？

🌀 法律讲堂

根据《民法典》第一千二百四十五条的规定，饲养的动物造成他人损害的，动物饲养人或者管理人应当承担侵权责任；但是，能够证明损害是因被侵权人故意或者重大过失造成的，可以不承担或者减轻责任。本案中，小玲之所以被狗咬伤，主要原因不在于小玲，而在于狗主人对狗的疏于看护和管理，狗主人应当对狗伤人的行为承担责任。小玲的父母作为其法定监护人要求狗主人赔偿小玲医药费完全有理有据。如果狗主人不肯赔偿，小玲的父母可以提起诉讼，通过法律手段维护小玲的合法权益。

🌊 法律条文

《中华人民共和国民法典》
第一千二百四十五条 饲养的动物造成他人损害的，动物饲养人或者管理人应当承担侵权责任；但是，能够证明损害是因被侵权人故意或者重大过失造成的，可以不承担或者减轻责任。

一句话说法

在饲养动物致人损害的侵权案件中，动物的饲养人或者管理人都是责任主体。当两者为同一人时，赔偿主体是很清楚的。当两者为不同人时，管束动物的义务由饲养人转移给管理人，这时的赔偿主体应为管理人。至于管理人是有偿管理还是无偿管理在所不问。

74. 使用药店推荐的药品受损害，药店应当为其推荐的药品负责吗？

🔖 案例背景

寒假期间，小宇的父母回老家探亲，由于小宇要上补习班，就独自留在了家里。一天早上，小宇起床后觉得头很疼，十分难受，便强忍着到药店去买药。小宇也不知道自己该吃什么药，只是和店员说了自己的症状，便按照店员的推荐买了药。小宇回家吃了药后，不但没有缓解，反而开始上吐下泻。小宇立即拨打急救电话，经过医生治疗，脱离了危险，而药店推荐的药存在严重的质量问题。

🌊 学法有疑

药店应当为其推荐的药品负责吗？

🌊 法律讲堂

案例中，药店作为提供药品服务的单位，应当保障其提供的药品符合我国质量监督部门规定的国家标准或者行业标准所确定的药品质量要求。由于小宇是服用药店推荐的药品后才导致病情加重，因此药店存在不可推卸的责任。根据我国《民法典》《药品管理法》《产品质量法》的规定，小宇及其家人可以找药店承担赔偿责任。当然，他们也可以找药品的生产厂家承担赔偿责任，但是在现实生活中，找厂家承担责任的话可能太过麻烦，因此，可以先找药店承担赔偿责任。

🌐 法律条文

《中华人民共和国产品质量法》

第四十三条　因产品存在缺陷造成人身、他人财产损害的，受害人可以向产品的生产者要求赔偿，也可以向产品的销售者要求赔偿。属于产品的生产者的责任，产品的销售者赔偿的，产品的销售者有权向产品的生产者追偿。属于产品的销售者的责任，产品的生产者赔偿的，产品的生产者有权向产品的销售者追偿。

《中华人民共和国民法典》

第一千二百零三条 因产品存在缺陷造成他人损害的，被侵权人可以向产品的生产者请求赔偿，也可以向产品的销售者请求赔偿。

产品缺陷由生产者造成的，销售者赔偿后，有权向生产者追偿。因销售者的过错使产品存在缺陷的，生产者赔偿后，有权向销售者追偿。

《中华人民共和国药品管理法》

第五十二条 从事药品经营活动应当具备以下条件：

（一）有依法经过资格认定的药师或者其他药学技术人员；

（二）有与所经营药品相适应的营业场所、设备、仓储设施和卫生环境；

（三）有与所经营药品相适应的质量管理机构或者人员；

（四）有保证药品质量的规章制度，并符合国务院药品监督管理部门依据本法制定的药品经营质量管理规范要求。

第五十六条 药品经营企业购进药品，应当建立并执行进货检查验收制度，验明药品合格证明和其他标识；不符合规定要求的，不得购进和销售。

第五十八条 药品经营企业零售药品应当准确无误，并正确说明用法、用量和注意事项；调配处方应当经过核对，对处方所列药品不得擅自更改或者代用。对有配伍禁忌或者超剂量的处方，应当拒绝调配；必要时，经处方医师更正或者重新签字，方可调配。

药品经营企业销售中药材，应当标明产地。

依法经过资格认定的药师或者其他药学技术人员负责本企业的药品管理、处方审核和调配、合理用药指导等工作。

因产品缺陷引起侵权，生产者与销售者对消费者承担的是连带责任，即消费者可以向产品生产者或销售者任一方提出完全的赔偿请求，不存在先后主次之分。销售者赔偿后，属于生产者的责任的，有权向生产者追偿，反之，生产者有权向销售者追偿。

75. 未成年人应拒绝观看含有哪些内容的电视节目或网络视频?

📞 案例背景

周六,小天到强强家玩。大家玩游戏玩得累了,决定一起看电视。强强的妈妈得知小朋友们想看电视后,想将电视机调到未成年模式。小天有点疑惑,强强妈妈解释说:"现在的电视节目多种多样,有些是不适宜小朋友观看的,将节目调成未成年模式,你们选择起来也方便些。"小天很快就学以致用,称自己以后会避免看不利于自己健康成长的节目。

🌀 学法有疑

未成年人应拒绝观看哪些内容的电视节目或网络视频?

🌀 法律讲堂

电视节目和网络视频传递的信息对未成年人的身心健康有着重要影响,错误的节目内容会对未成年人的世界观、人生观、价值观塑造与发展产生不良影响。因此,未成年人不得观看包含有恐怖、暴力、赞许未成年人早恋、吸烟、酗酒等不利于自己身心健康的电视节目或网络视频。

为促进未成年人健康成长,净化未成年人节目环境,《未成年人节目管理规定》第九条特别规定了未成年人节目中禁止出现的内容,根据该条规定,未成年人节目中,不得渲染血腥暴力,不得教唆犯罪或者传授犯罪方法,不得含有除正常性教育之外的涉性话题或画面,不得诋毁、歪曲优秀的中华传统文化、革命文化、社会主义先进文化,不得宣扬邪教、迷信或者消极颓废的思想观念,等等。也就是说,一方面,含有这些内容的节目本就是违规节目,有关部门应当加强相关节目的审核；另一方面，作为未成年人，也应当自觉拒绝观看这些电视节目或网络视频，如果在电视节目或网络视频中发现类似内容的，可以告诉家长，由家长向有关单位反馈意见。

🌐 法律条文

《未成年人节目管理规定》

第九条 未成年人节目不得含有下列内容：

（一）渲染暴力、血腥、恐怖，教唆犯罪或者传授犯罪方法；

（二）除健康、科学的性教育之外的涉性话题、画面；

（三）肯定、赞许未成年人早恋；

（四）诋毁、歪曲或者以不当方式表现中华优秀传统文化、革命文化、社会主义先进文化；

（五）歪曲民族历史或者民族历史人物，歪曲、丑化、亵渎、否定英雄烈士事迹和精神；

（六）宣扬、美化、崇拜曾经对我国发动侵略战争和实施殖民统治的国家、事件、人物；

（七）宣扬邪教、迷信或者消极颓废的思想观念；

（八）宣扬或者肯定不良的家庭观、婚恋观、利益观；

（九）过分强调或者过度表现财富、家庭背景、社会地位；

（十）介绍或者展示自杀、自残和其他易被未成年人模仿的危险行为及游戏项目等；

（十一）表现吸毒、滥用麻醉药品、精神药品和其他违禁药物；

（十二）表现吸烟、售烟和酗酒；

（十三）表现违反社会公共道德、扰乱社会秩序等不良举止行为；

（十四）渲染帮会、黑社会组织的各类仪式；

（十五）宣传、介绍不利于未成年人身心健康的网络游戏；

（十六）法律、行政法规禁止的其他内容。

以科普、教育、警示为目的，制作、传播的节目中确有必要出现上述内容的，应当根据节目内容采取明显图像或者声音等方式予以提示，在显著位置设置明确提醒，并对相应画面、声音进行技术处理，避免过分展示。

一句话说法

　　未成年人观看的节目内容必须经过严格审核，确保不会影响未成年人的身心健康。如果因科普、教育、警示等目的，电视节目或网络视频中有必要出现不利于未成年人观看的内容的，应当在显著位置设置明确的提醒。为了学习而观看此类节目时，未成年人应尽量在监护人或老师等的陪同之下观看。

76. 邀请未成年人参与节目录制，必须要征得父母的同意吗？

📎 案例背景

　　苗苗今年 11 岁，能歌善舞，经常参加学校的文艺晚会。在 2020 年的学校元旦晚会上，苗苗的个人表演吸引了一位电视节目制作人李女士的注意，晚会结束后，李女士在后台找到苗苗，邀请她参加一个综艺节目的录制。当时，苗苗的班主任老师就在后台，觉得机不可失，就替苗苗答应了，双方还敲定了录制时间。回家后，苗苗和父母说起这件事，却遭到了父母的强烈反对。苗苗妈妈认为，邀请苗苗上节目之前，至少应该征得他们的同意，李女士和班主任的做法不对。

🌐 学法有疑

　　邀请未成年人参与节目录制，必须要提前征得未成年人父母的同意吗？

🌐 法律讲堂

　　苗苗妈妈的想法是正确的，邀请未成年人录制节目，应事先征得其法定监护人的同意。《未成年人节目管理规定》第十二条第一款明确规定："邀请未成年人参与节目制作，应当事先经其法定监护人同意。不得以恐吓、诱骗或者收买等方式迫使、引诱未成年人参与节目制作。"根据该条规定可知，未成年人参与节目录制之前，录制方应当事先经过未成年人的法定监护人同意。另外，根据我国《民法典》第二十七条的规定，一般情况下，未成年人的父母是其法定监护人。也就是说，邀请未成年人录制节目的，需要提前征得未成年人父母的同意。如果其父母不是未成年人的法定监护人的，录制方应提前征得其他法定监护人的同意。

　　案例中，李女士邀请苗苗参与节目录制，仅获得了苗苗班主任的同意，而班主任并不是苗苗的法定监护人。苗苗父母的想法是正确的，李女士和班主任的行为不太恰当，在请苗苗录制节目之前，应该征得苗苗父母的同意。此外，苗苗回家之后跟父母说起这件事的行为也是正确的，这样有助于保护自己的合法权益。

🌀 法律条文

《中华人民共和国民法典》

第二十七条第一款　父母是未成年子女的监护人。

《未成年人节目管理规定》

第十二条　邀请未成年人参与节目制作，应当事先经其法定监护人同意。不得以恐吓、诱骗或者收买等方式迫使、引诱未成年人参与节目制作。

　　制作未成年人节目应当保障参与制作的未成年人人身和财产安全，以及充足的学习和休息时间。

第二十四条　网络用户上传含有未成年人形象、信息的节目且未经未成年人法定监护人同意的，未成年人的法定监护人有权通知网络视听节目服务机构采取删除、屏蔽、断开链接等必要措施。网络视听节目服务机构接到通知并确认其身份后应当及时采取相关措施。

第三十六条　违反本规定第十一条至第十七条、第十九条至第二十二条、第二十三条第一款和第二款、第二十四条至第二十八条的规定，由县级以上人民政府广播电视主管部门责令限期改正，给予警告，可以并处三万元以下的罚款。

　　违反第十八条第一项至第三项的规定，由有关部门依法予以处罚。

一句话说法

　　未成年人也有肖像权。由于未成年人缺乏完全的认识能力和辨

认能力，法律要求未成年人在录制节目之前，应获得其法定监护人的许可。企图通过收买、恐吓、诱骗等方式引诱、强迫未成年人参与节目制作的做法是违法的。未经其法定监护人同意，网络用户也不得上传含有未成年人形象信息的节目。

77. 未成年人参与节目录制时，主持人引诱其泄露自己和家人的隐私，违法吗？

📎 案例背景

洋洋在 6 岁时被人贩子拐卖。2019 年年底，Y 省警方破获一起特大拐卖案，此时已经 13 岁的洋洋也因此回到了其亲生父母的身边。2020 年 1 月底，一家网络自媒体邀请洋洋参与一部以"回家"为主题的访谈节目的录制。经洋洋监护人同意之后，洋洋到演播厅接受采访。访谈期间，主持人一直在引诱洋洋说出生父母和养父母及其家人的住址、工作内容和地点等信息。

🔵 学法有疑

录制节目时，主持人引诱未成年人说出其近亲属的隐私信息的行为合法吗？

🔵 法律讲堂

在节目录制过程中，主持人引诱未成年人泄露其近亲属的隐私信息的行为是违法的。由于未成年人不具备完全的认识能力和辨认能力，《未成年人节目管理规定》第十三条第一款特别规定："未成年人节目制作过程中，不得泄露或者质问、引诱未成年人泄露个人及其近亲属的隐私信息，不得要求未成年人表达超过其判断能力的观点。"由此可见，在节目制作过程中，未成年人不能泄露个人及其近亲属的隐私信息，制作方、主持人等也不得质问或通过利益诱导的方式引诱未成年人说出个人及其近亲属的隐私信息，例如家庭住址、工作地点、联系方式等，以防未成年人及其家人的隐私权遭到侵害。

案例中，自媒体的主持人在访谈节目中引诱洋洋说出亲生父母和养父母及其家人的住址、工作地点、工作内容的行为会侵犯他人的隐私权，根据上面的法律规定可知，该行为是错误的，洋洋应该尽量避免说出自己和家人的个人信息。

📖 法律条文

《未成年人节目管理规定》

第十三条第一款　未成年人节目制作过程中，不得泄露或者质问、引诱未成年人泄露个人及其近亲属的隐私信息，不得要求未成年人表达超过其判断能力的观点。

未成年人不具备完全的认识能力和辨认能力，无法正确预测自己言行的后果。为了保护未成年人及其家人的隐私权，节目制作过程中，制作方应当注意保护未成年人及其家人的隐私，不得泄露或迫使、诱导未成年人泄露个人及其近亲属的个人信息。

78. 主持人在节目中请未成年人对"年少成名""早恋"等热门问题发表观点，合适吗？

🔖 案例背景

2016 年，7 岁的小米以普通人身份参加了一个明星亲子家庭类综艺节目，活泼可爱的小米因此获得了一大拨"阿姨粉"。2020 年，11 岁的小米受邀参加录制一个电视节目，该节目还邀请了其他小朋友。问候完观众后，主持人就带领大家切入了节目主题，请小朋友们对当下的各种热门话题发表看法，其中不乏关于"年少成名""早恋"等内容的话题。童言童语逗得观众们哈哈大笑，可也有部分观众认为有些问题并不适合未成年人讨论。

🌀 学法有疑

主持人在节目中请未成年人对"年少成名""早恋"等问题发表看法，合适吗？

🌀 法律讲堂

主持人不得在节目中引诱未成年人谈论名利、情爱等话题，所以，主持人在节目中请未成年人就"年少成名""早恋"等话题发表看法是不合适的，该行为违反了《未成年人节目管理规定》第十四条的规定。根据该条规定，邀请未成年人参与节目制作，应注意以下几点：第一，参与录制节目的人的服饰、表演应当符合未成年人的年龄特征和时代特点，通常来讲，着装不宜过于暴露，妆容不宜过于浓烈。第二，不得诱导未成年人谈论名利、情爱等话题，以防对未成年人的价值观念产生不利影响。第三，未成年人节目不能宣扬童星效应，也不能包装、炒作明星子女。由此可见，在有未成年人参与制作的节目中，主持人等不得让未成年人谈论名利、情爱等话题。

案例中，小米参与的节目中，主持人让小朋友们对"年少成名""早恋"等话题发表观点，属于诱导未成年人谈论名利、情爱等话题的情形，着实不合适。

🌀 法律条文

《未成年人节目管理规定》

第十四条 邀请未成年人参与节目制作，其服饰、表演应当符合未成年人年龄特征和时代特点，不得诱导未成年人谈论名利、情爱等话题。

未成年人节目不得宣扬童星效应或者包装、炒作明星子女。

一句话说法

青少年时期正是未成年人价值观念形成的重要时期，邀请未成年人参与制作的节目应发挥正确引导的作用，节目内容和形式应符合未成年人的年龄特征和时代特点，不得引诱未成年人对超出其认识能力和辨认能力的话题发表看法，不得引诱未成年人追名逐利、早恋。

79. 看到未成年人电视节目违法时，我们应该怎么做?

🔖 案例背景

毛毛今年7岁，他的爷爷热爱研究军事和战争史，经常给毛毛讲我国英雄烈士的事迹，教导毛毛向热爱祖国、热爱人民的革命先烈学习。暑假，毛毛在看动画片时，发现动画片的主人公讲述的英烈事迹与爷爷讲给他的严重不符。动画片将舍身为国的英雄演成贪生怕死、自私自利的卑鄙小人。毛毛和爷爷都很生气，觉得动画片严重歪曲了英雄烈士的形象。

🔵 学法有疑

看到未成年人节目歪曲英烈事迹和精神的，我们应该怎么做?

🔵 法律讲堂

对于案例中的这种情形，作为观众，我们可以依法向广播电视主管部门举报。根据《未成年人节目管理规定》第九条的规定，未成年人节目不得歪曲民族历史或民族历史人物，不得歪曲、丑化、亵渎英雄烈士事迹和精神。案例中，动画片丑化了英雄烈士的形象，歪曲了他的英雄事迹，让观众对他产生误解，这是违法的。对于这种情形，我国《未成年人节目管理规定》第三十二条特别设置了举报制度。根据该规定，广播电视主管部门应该设立未成年人节目违法行为举报制度，并向公众公布举报电话、邮箱等联系方式。因此，毛毛和爷爷可以通过公开途径向广播电视主管部门举报动画片的制片方等责任人。广播电视主管部门接到举报之后，将依法处理。

🔵 法律条文

《未成年人节目管理规定》

第九条　未成年人节目不得含有下列内容:

……

（五）歪曲民族历史或者民族历史人物，歪曲、丑化、亵渎、否定英雄烈士事迹和精神；

……

以科普、教育、警示为目的，制作、传播的节目中确有必要出现上述内容的，应当根据节目内容采取明显图像或者声音等方式予以提示，在显著位置设置明确提醒，并对相应画面、声音进行技术处理，避免过分展示。

第三十二条 广播电视主管部门应当设立未成年人节目违法行为举报制度，公布举报电话、邮箱等联系方式。

任何单位或者个人有权举报违反本规定的未成年人节目。广播电视主管部门接到举报，应当记录并及时依法调查、处理；对不属于本部门职责范围的，应当及时移送有关部门。

一句话说法

保护英雄烈士的形象和精神，是我们每个公民的义务，这不仅有利于弘扬爱国主义精神，也是践行社会主义核心价值观的要求。作为未成年人，在电视节目中看到歪曲、丑化英雄烈士事迹和精神的内容时，应当及时向有关部门举报，维护英雄烈士的尊严。

80. 未成年人每天玩游戏的时间累计最长为多久?

📞 案例背景

齐齐刚上初一,在新班级结识了很多新朋友。五一假期,齐齐的同桌邀请齐齐一起玩网络游戏。已经写完作业的齐齐接受了邀约。几人从下午 2 点一直玩到 4 点多。齐齐见自己已经玩了两个多小时了,再玩的话自己今天的游戏时间就满了,遂提出退出游戏。同玩的网友却开始嘲笑齐齐,还让他换个号继续玩。

☑ 学法有疑

未成年人每天玩游戏的时间有限制吗?累计最长可以玩多久?

☑ 法律讲堂

为了防止未成年人沉迷网络游戏,法律对网络游戏企业为未成年人提供网络游戏服务的时长作出了限制性规定。一般来说,未成年人在每个工作日玩游戏的时间不能超过 1.5 个小时,法定节假日每日玩游戏的时间不能超过 3 个小时。

《国家新闻出版署关于防止未成年人沉迷网络游戏的通知》第二条要求严格控制未成年人玩网络游戏的时段和时长。就时间段而言,每日晚上 10 点至次日早上 8 点,网络游戏企业不能为未成年人提供网游服务;就时长而言,网络游戏企业在法定节假日每日提供给未成年人的游戏服务时间累计不得超过 3 小时,其他时间每日累计不得超过 1.5 小时。由此可见,齐齐的做法是正确的,未成年人在法定节假日每日玩游戏的时间累计不得超过 3 小时,齐齐和同学应该及时退出游戏。

🔊 法律条文

《国家新闻出版署关于防止未成年人沉迷网络游戏的通知》
二、严格控制未成年人使用网络游戏时段、时长。每日 22 时至次日 8 时，网络游戏企业不得以任何形式为未成年人提供游戏服务。网络游戏企业向未成年人提供游戏服务的时长，法定节假日每日累计不得超过 3 小时，其他时间每日累计不得超过 1.5 小时。

一句话说法

　　为防止未成年人沉迷网络游戏，不仅需要网络游戏服务企业采取技术和平台监管手段，严格把控为未成年人提供网络游戏服务的时间，还需要未成年人自己和法定监护人的共同努力，严格自律，谨防游戏成瘾。

81. 未成年人可以吸食电子烟吗?

案例背景

为了让跳跳爸爸戒烟,跳跳妈妈托人买了最近大为流行的电子烟。一次,跳跳爸爸在用完之后随意将电子烟放在餐桌上,被刚刚放学回家的跳跳看见了。跳跳很好奇,见这个电子烟就像一个玩具,也想尝尝电子烟的味道。他心想:"说吸烟有害健康,但爸爸都用这个戒烟了,应该没什么危害吧?"跳跳妈妈看见跳跳的行为,严厉地制止了他,并将电子烟放在了跳跳不能拿到的高处。

学法有疑

未成年人可以吸食电子烟吗?

法律讲堂

未成年人不能吸食电子烟。虽然电子烟商家宣称吸食电子烟对人体健康无害,但是,电子烟的主要成分仍然是对人体健康有极大危害的尼古丁。《国家市场监督管理总局、国家烟草专卖局关于禁止向未成年人出售电子烟的通告》严格禁止市场主体向未成年人销售电子烟或展示电子烟产品。国家烟草专卖局、国家市场监督管理总局发布的《关于进一步保护未成年人免受电子烟侵害的通告》也要求敦促电子烟的厂家、经销商及时关闭电子烟互联网销售网站或客户端,敦促电商平台及时关闭销售电子烟的店铺,及时下架电子烟产品,敦促电子烟厂家、经销商撤回通过互联网发布的电子烟广告,以防止未成年人通过网络等途径购买电子烟。根据通告的精神可知,吸食电子烟对未成年人的身心健康存在重大不利,国家禁止未成年人购买、吸食电子烟产品,倡导学校和家庭加强对未成年人的保护,禁止未成年人吸食电子烟。案例中,跳跳妈妈的做法非常正确,她的行为有效防止了跳跳吸食电子烟。作为未成年人,跳跳不能尝试电子烟,以免伤害到自己的身体健康。

🌀 法律条文

《国家市场监督管理总局、国家烟草专卖局关于禁止向未成年人出售电子烟的通告》

二、市场主体不得向未成年人销售电子烟

2006 年我国签署加入的由世界卫生组织批准发布的《烟草控制框架公约》规定:"禁止生产和销售对未成年人具有吸引力的烟草制品形状的糖果、点心、玩具或任何其他实物";《未成年人保护法》明确规定:"禁止向未成年人出售烟酒"。电子烟作为卷烟等传统烟草制品的补充,其自身存在较大的安全和健康风险。为加强对未成年人身心健康的社会保护,各类市场主体不得向未成年人出售电子烟。建议电商平台对含有"学生""未成年人"等字样的电子烟产品下架,对相关店铺(销售者)进行扣分或关店处理;加强对上架电子烟产品名称的审核把关,采取有效措施屏蔽关联关键词,不向未成年人展示电子烟产品。

三、社会各界共同保护未成年人免受电子烟侵害

各级市场监管部门和烟草专卖行政主管部门将进一步加强对电子烟产品的市场监管力度,结合学校周边综合治理等专项行动督促各类市场主体不得向未成年人销售电子烟,并对生产销售"三无"电子烟等各类违法行为依法及时查处;学校、家庭加强对未成年人的教育与保护,强调电子烟对健康的危害;媒体加强未成年人吸烟包括吸食电子烟危害健康的宣传;任何组织和个人对向未成年人销售电子烟的行为应予以劝阻、制止。让我们携起手来,共同为未成年人的健康成长创造良好的社会环境。

《关于进一步保护未成年人免受电子烟侵害的通告》

……为进一步加大对未成年人身心健康的保护力度,防止未成年人通过互联网购买并吸食电子烟,自本通告印发之日起,敦促电子烟生产、销售企业或个人及时关闭电子烟互联网销售网站或客户端;敦促电商平台及时关闭电子烟店铺,并将电子烟产品及时下架;敦促电子烟生产、销售企业或个人撤回通过互联网发布的电子烟广告。

……

一句话说法

　　未成年人吸食电子烟存在重大的健康安全风险，例如造成肺损伤、中毒等。作为未成年人，不仅要坚决抵制吸食电子烟的行为，还应当善于利用法律武器，发现有不良商家向未成年人销售、展示电子烟的，应当告诉父母或老师，让他们劝阻、制止或向有关部门举报不良商家的行为。

第 **7** 章 与青少年有关的 消费法律知识

82. 购买的电脑并非原装机，消费者能够要求赔偿吗?

案例背景

　　小飞 15 岁了，是某初中三年级的学生，学习成绩一直优秀，前不久的模拟考试，小飞又考了全班第一名。父母为了奖励小飞，答应让小飞挑选一件自己喜欢的东西作为礼物。小飞考虑之后决定要一台电脑，父母表示同意。于是，小飞和父母一起到市中心的电子商城准备买一台台式电脑。不懂电脑的小飞一家人在经过比较后决定买某知名品牌的原装机。售货员根据小飞要求的配置拿出一台电脑，并保证是原装机。交完费用后，小飞一家人带着电脑回到家中。后来，小飞的表哥来小飞家玩，结果发现小飞买的电脑并非原装机。

🌀 学法有疑

小飞能否要求赔偿？

🌀 法律讲堂

我国《产品质量法》第三十九条规定："销售者销售产品，不得掺杂、掺假，不得以假充真、以次充好，不得以不合格产品冒充合格产品。"我国《消费者权益保护法》第二十条第二款规定："经营者对消费者就其提供的商品或者服务的质量和使用方法等问题提出的询问，应当作出真实、明确的答复。"第八条第一款规定："消费者享有知悉其购买、使用的商品或者接受的服务的真实情况的权利。"也就是说，销售者应当诚信经营，保障消费者的知情权。如果商家故意隐瞒其所售商品的真实情况，就侵犯了消费者的知情权。本案中，商家将组装机当作原装机卖给小飞，属于违法行为，明显侵犯了小飞的知情权。

此外，我国《消费者权益保护法》第五十五条第一款规定："经营者提供商品或者服务有欺诈行为的，应当按照消费者的要求增加赔偿其受到的损失，增加赔偿的金额为消费者购买商品的价款或者接受服务的费用的三倍；增加赔偿的金额不足五百元的，为五百元。法律另有规定的，依照其规定。"本案中，商家销售非原装电脑的行为不仅侵犯了小飞的知情权，还存在消费欺诈的嫌疑，小飞可以据此向商家提出索赔。

🌀 法律条文

《中华人民共和国产品质量法》

第三十九条 销售者销售产品，不得掺杂、掺假，不得以假充真、以次充好，不得以不合格产品冒充合格产品。

《中华人民共和国消费者权益保护法》

第八条第一款 消费者享有知悉其购买、使用的商品或者接受的服务的真实情况的权利。

第二十条第二款 经营者对消费者就其提供的商品或者服务的质量和使用方法等问题提出的询问，应当作出真实、明确的答复。

第五十五条第一款 经营者提供商品或者服务有欺诈行为的，应当按照消费者的要求增加赔偿其受到的损失，增加赔偿的金额为消费者购买商品的价款或者接受服务的费用的三倍；增加赔偿的金额不足五百元的，为五百元。法律另有规定的，依照其规定。

一句话说法

为了使消费者能够购买到满意的商品或服务，法律明确规定消费者享有知情权，即消费者在购买、使用商品或接受服务时，有权知悉该商品或者服务的真实情况。消费者的知情权对应了销售者的如实告知义务，销售者故意隐瞒就存在欺诈的嫌疑，需要承担赔偿责任。

83. 遇到购物返券的商品出现质量问题时，该如何解决？

我的裙子才穿了不到一个月就坏了。

我们可以退给你，但是，要扣除当时返给你的礼券。

案例背景

　　小丽是某校高中二年级的学生。某天，小丽和妈妈一起去逛街，并在一家商场以 300 元的价格买了一条裙子，但是穿了不到一个月就发现裙子存在质量问题，于是小丽找到商场要求退货。可是小丽购买这条裙子时参加了商场"买 100 返 50"的活动，当时小丽用买这条裙子所得的 150 元返券又购买了一条牛仔裤。商场认为，要退货可以，但是要扣除当初已经作为礼券返还给小丽的同等价值的 150 元现金，否则只能换货而不能退货。

学法有疑

小丽要求退货就必须要返还商场 150 元现金吗？

法律讲堂

很多城市的大型商厦，经常会开展"满购返券"之类的促销活动。当返券商品出现质量问题消费者要求退货时，商家的做法几乎如出一辙：参加返券活动的商品如要退掉，要将返券部分的现金扣除。有的商家甚至规定，如果是礼券所购商品则不予退货。

其实，赠券是商家与消费者订立的一种契约关系，商家承诺消费者购物达到一定数额时就赠与消费者一定的购物券，在一定范围内该购物券视同现金，同样可以购买商品。根据《消费者权益保护法》第二十三条、第二十四条的规定，无论是使用现金还是赠券购买商品，经营者都应当保证其提供的商品应当具有的质量、性能、用途等。按国家规定承担"三包"责任是经营者的法定义务，如果符合"三包"退货条件的，消费者要求退货，经营者应当全额退款。《消费者权益保护法》第十条还规定，消费者享有公平交易的权利。也就是说，消费者在购买商品或者接受服务时，有权获得质量保障、价格合理、计量正确等公平交易条件，有权拒绝经营者的强制交易行为。因此，商家不给全额退款是侵犯消费者权益的行为。

本案中的小丽到商场购物，并获得了商场的赠券，这是双方自愿的买卖行为。商场对小丽提供的商品，无论是小丽参加活动购买的裙子，还是用赠券购买的牛仔裤，都应当保证质量。如果出现质量问题，小丽有权要求全额退款。

法律条文

《中华人民共和国消费者权益保护法》

第十条　消费者享有公平交易的权利。

消费者在购买商品或者接受服务时，有权获得质量保障、价格合理、计量正确等公平交易条件，有权拒绝经营者的强制交易行为。

第二十三条第一款 经营者应当保证在正常使用商品或者接受服务的情况下其提供的商品或者服务应当具有的质量、性能、用途和有效期限；但消费者在购买该商品或者接受该服务前已经知道其存在瑕疵，且存在该瑕疵不违反法律强制性规定的除外。

第二十四条 经营者提供的商品或者服务不符合质量要求的，消费者可以依照国家规定、当事人约定退货，或者要求经营者履行更换、修理等义务。没有国家规定和当事人约定的，消费者可以自收到商品之日起七日内退货；七日后符合法定解除合同条件的，消费者可以及时退货，不符合法定解除合同条件的，可以要求经营者履行更换、修理等义务。

依照前款规定进行退货、更换、修理的，经营者应当承担运输等必要费用。

一句话说法

经营者必须保证其提供的商品或者服务的质量，这与经营者是否开展赠券、折返等优惠活动并没有任何关系。消费者在购买商品或者服务时，认为需要退换货的，应当及时与商家沟通，以保护自己的合法权益不受侵害。

84. 顾客免费寄存在超市的财物被调包，超市对此是否有责任？

> 我在你们超市寄存的东西丢了，而且是你们的过失，你们应该承担赔偿责任。

> 我们提供的是免费寄存，没有义务赔偿你。

📞 **案例背景**

　　星期天，小红和同学一起出去玩。经过一家超市时，小红决定到超市买点东西。但没想到，小红寄存在超市的包被人调换了。经过了解情况，最后证实是因超市营业员的失误导致被"调包"。小红告知超市自己包里装有手机等价值 3000 元的物品，要求超市赔偿。而超市一方称，超市是免费为顾客提供的财物寄存服务，不应当进行赔偿，更何况这些物品的数量和价格都是小红自己所说，并无真凭实据，无法计算具体金额，因此即使赔偿，也不能按照小红所说的数额赔偿。

学法有疑

小红应如何才能挽回自己的损失呢？

法律讲堂

根据《民法典》的规定，顾客在超市存包的行为应属于顾客与超市订立了保管合同。保管合同按照是否需要支付费用，可以分为有偿保管合同和无偿保管合同两种。在保管期间，因保管人保管不善造成保管物毁损、灭失的，保管人应当承担损害赔偿责任，但如果保管是无偿的，保管人证明自己没有故意和重大过失的，不承担损害赔偿责任。本案中，小红在超市存包虽然属于无偿保管，但寄存的包丢失是因超市工作人员保管不善所致，超市存在重大过失，因此超市负有赔偿责任。

在现实生活中，消费者因存包丢失而与经营者产生纠纷的现象很多。而在司法实践中，由于消费者常常无法提供有力的证据证明自己所存物品的价值，所以很难有效索赔。因此，建议消费者在存包时尽量不要把贵重物品放在包内，如果包内有贵重物品，可以先向保管人员说明。否则如因所存物品遗失而与经营者打官司，可能会因无法举证而承担不利的后果。本案中，超市虽然对小红寄存的包被"调包"负有赔偿责任，但因为小红无法举证证明包内物品的实际价值，即使打官司，法院一般也是根据公平原则和诚实信用原则，判令超市承担部分责任而非全部让超市赔偿。

法律条文

《中华人民共和国民法典》

第八百八十八条第一款　保管合同是保管人保管寄存人交付的

保管物，并返还该物的合同。

　　第八百九十七条　保管期内，因保管人保管不善造成保管物毁损、灭失的，保管人应当承担赔偿责任。但是，无偿保管人证明自己没有故意或者重大过失的，不承担赔偿责任。

　　第八百九十八条　寄存人寄存货币、有价证券或者其他贵重物品的，应当向保管人声明，由保管人验收或者封存；寄存人未声明的，该物品毁损、灭失后，保管人可以按照一般物品予以赔偿。

　　无偿为他人保管的财物不慎丢失、保管人又没有故意和重大过失的，最终的责任还在于自己，保管人通常不承担全部赔偿责任。当然，无论是否有人赔偿，每个人都应该尽心尽责保管好自己的物品，如果需要他人保管，尤其是有贵重物品需要他人保管时，一定要明确告知保管人。

85. 商家需要负责赠品的质量吗?

> 你们赠的这盒礼品已经变质了,我要退货。

> 这是赠品,不在我们的"三包"范围内。

📞 **案例背景**

读高二的森森帮妈妈买牛奶,正赶上超市周年庆,买一箱牛奶赠一盒礼品,礼品内装有巧克力、饼干等食品。森森觉得非常划算,就买了。回家后,森森却发现饼干等食品有异味且部分霉变,就和妈妈返回超市要求退还,或予以赔偿。超市则认为礼盒是赠品,不属赔偿范畴,拒绝退货或赔偿。

🌀 **学法有疑**

森森发现赠送的商品存在质量问题,能否要求退换或赔偿呢?

🌀 法律讲堂

　　赠送的商品存在质量问题时，商家应当承担退换或者赔偿的责任。

　　从合同角度来说，商家所谓"赠与"与一般的赠与不同，消费者只有根据商家要求，在指定地点、购买指定商品消费总额达到一定数量时，才能获得"赠与"商品，因此商家的这一"赠与"是附条件的，而不是无偿的。我国《民法典》第六百六十二条规定，附义务的赠与，赠与的财产有瑕疵的，赠与人在附义务的限度内承担与出卖人相同的责任。因此超市应当对赠与商品的质量负责。

　　从《消费者权益保护法》的角度来讲，获得货真价实的商品是消费者的权利。即使是附赠品，也应当具备合格、合等级、合约定的品质，商家不得以赠送为由提供不合格的产品或者假冒的产品。

　　同时，《零售商促销行为管理办法》第十二条规定："零售商开展促销活动，不得降低促销商品（包括有奖销售的奖品、赠品）的质量和售后服务水平，不得将质量不合格的物品作为奖品、赠品。"该办法明确规定，商家开展促销活动时，必须保障奖品、赠品的质量，不得将质量有问题的物品赠送给消费者。

　　综上所述，商家用于促销的奖品或者赠品如果有质量问题，消费者同样可以要求退换或者赔偿。案例中，超市对于淼淼的退换或赔偿要求，应当认真对待，不得拒绝。

🌀 法律条文

《中华人民共和国民法典》

　　第六百六十二条第一款　赠与的财产有瑕疵的，赠与人不承担责任。附义务的赠与，赠与的财产有瑕疵的，赠与人在附义务的限度内承担与出卖人相同的责任。

《中华人民共和国消费者权益保护法》

　　第二十三条第一款　经营者应当保证在正常使用商品或者接受服务的情况下其提供的商品或者服务应当具有的质量、性能、用途和有效期限；但消费者在购买该商品或者接受该服务前已经知道其存在瑕疵，且存在该瑕疵不违反法律强制性规定的除外。

《零售商促销行为管理办法》

第十二条 零售商开展促销活动，不得降低促销商品（包括有奖销售的奖品、赠品）的质量和售后服务水平，不得将质量不合格的物品作为奖品、赠品。

一句话说法

商家开展的促销活动常常会吸引大量的消费者蜂拥而至，商家通过促销活动获得丰厚的利润，消费者希望通过促销活动买到物美价廉的商品。但实践中，也有一些商家单纯为了盈利而将不合格的产品作为奖品、赠品送给消费者，商家的这种行为侵犯了消费者的权益，消费者有权要求商家退换或者赔偿。

86. 商品未取得购货凭证却出现质量问题致人损伤，怎么办？

📞 案例背景

3月11日是小强18岁的生日，小强的父亲张某决定送给小强一辆山地自行车作为生日礼物。张某来到市中心的车行，经过细致的比较后，选定了一辆价格适中、款式新颖的山地车。在付款时，商家说，如果不要发票，可以降低一些费用。听到可以少花钱，张某立刻就答应了。谁知，小强骑车上学的第一天，车子就出现了质量问题，导致小强摔伤。张某带着车子找到商家要求赔偿，可是商家予以拒绝，原因是其没有购买车子的发票。

🌀 学法有疑

没有发票，小强的父亲该怎么办？

🌀 法律讲堂

我国《消费者权益保护法》第二十二条规定："经营者提供商品或者服务，应当按照国家有关规定或者商业惯例向消费者出具发票等购货凭证或者服务单据；消费者索要发票等购货凭证或者服务单据的，经营者必须出具。"也就是说，开具发票是商家的法定义务，经营者提供商品必须出具发票。

但是案例中的张某购买的山地车没有发票，当车辆发生质量问题时，张某能够要求商家赔偿么？答案是肯定的。根据《产品质量法》第四十三条的规定，张某有权要求商家承担责任。按照规定，张某需要提供商品是在此商家购买的凭证——购物发票。问题的关键就在于张某没有发票，并且他也没有其他证据能证明山地车就是从这家店购买。此时，张某该如何维权呢？

根据《消费者权益保护法》第四十条的规定，消费者可以向销售者索赔，也可以向生产者索赔。一方履行赔偿责任后，属于另一方责任的，可以向另一方追偿。因此，张某还可以依据所购买山地车的品牌，向该品牌的生产者要求赔偿。

🌀 法律条文

《中华人民共和国消费者权益保护法》

第二十二条 经营者提供商品或者服务，应当按照国家有关规定或者商业惯例向消费者出具发票等购货凭证或者服务单据；消费者索要发票等购货凭证或者服务单据的，经营者必须出具。

第四十条 消费者在购买、使用商品时，其合法权益受到损害的，可以向销售者要求赔偿。销售者赔偿后，属于生产者的责任或者属于向销售者提供商品的其他销售者的责任的，销售者有权向生产者或者其他销售者追偿。

消费者或者其他受害人因商品缺陷造成人身、财产损害的，可以向销售者要求赔偿，也可以向生产者要求赔偿。属于生产者责任的，销售者赔偿后，有权向生产者追偿。属于销售者责任的，生产者赔偿后，有权向销售者追偿。

消费者在接受服务时，其合法权益受到损害的，可以向服务者要求赔偿。

《中华人民共和国产品质量法》

第四十三条　因产品存在缺陷造成人身、他人财产损害的，受害人可以向产品的生产者要求赔偿，也可以向产品的销售者要求赔偿。属于产品的生产者的责任，产品的销售者赔偿的，产品的销售者有权向产品的生产者追偿。属于产品的销售者的责任，产品的生产者赔偿的，产品的生产者有权向产品的销售者追偿。

一句话说法

出售商品或者提供服务时，经营者应当提供发票。作为消费者，在购买商品或者接受服务时，也应当树立索要发票的意识。发票不仅是消费者的购物凭证，也是经营者的纳税依据，同时，更是消费者受到侵害而维权时的必备证据。

87. 网上购买的"正品"与实际有差距该如何解决？

✎ 案例背景

　　正在上高二的小花从小就是一个爱美的姑娘，总是喜欢模仿电视剧里的人穿衣服。有一次，小花在网上看到了几款衣服和电视剧中某明星穿过的某些衣服特别相似，且都是"包邮"的正品。于是，小花便请求妈妈买了好几件。穿了两天后，其中一件衣服就开线了，根本就不是什么正品。小花找商家理论，要求退货，商家以已剪掉挂牌为由拒绝。小花只好拿另外几件没有剪掉挂牌的去退换，但是商家要求运费由小花负责。商家对"包邮"的解释是："包邮"只是一种活动，现在活动已经结束了。

◔ 学法有疑

　　那么，小花应当怎么处理呢？

◔ 法律讲堂

　　我国《消费者权益保护法》第二十三条第二款规定："经营者以广告、产品说明、实物样品或者其他方式表明商品或者服务的质量状况的，应当保证其提供的商品或者服务的实际质量与表明的质量状况相符。"也就是说，商家对商品的描述是什么样的，就应该保障其售出的商品与其描述的一致，不能弄虚作假。本案中，商家写明了是"包邮"的正品，那就应该是正品，如果不是正品，就属于欺诈消费者，应该承担相应的法律责任。

　　因此，案例中的小花可以依据《消费者权益保护法》第五十五条第一款的规定，要求商家承担购买这件商品价款费用三倍的赔偿责任，如果赔偿的金额不足 500 元的，为 500 元。

🌀 **法律条文**

《中华人民共和国消费者权益保护法》

第二十条第一款 经营者向消费者提供有关商品或者服务的质量、性能、用途、有效期限等信息，应当真实、全面，不得作虚假或者引人误解的宣传。

第二十三条第二款 经营者以广告、产品说明、实物样品或者其他方式表明商品或者服务的质量状况的，应当保证其提供的商品或者服务的实际质量与表明的质量状况相符。

第五十五条第一款 经营者提供商品或者服务有欺诈行为的，应当按照消费者的要求增加赔偿其受到的损失，增加赔偿的金额为消费者购买商品的价款或者接受服务的费用的三倍；增加赔偿的金额不足五百元的，为五百元。法律另有规定的，依照其规定。

一句话说法

随着网络的兴起，网络交易平台也日渐多样，网络购物之风大盛。但网络购物毕竟无法当场感知产品质量，因此，消费者在收到产品后，一定要查看其质量等是否符合约定。如果消费者在通过网络交易平台购买商品或者接受服务时，合法权益受到了损害，可以向购物网站和商家要求赔偿。

88. 网购时，卖家因买家给差评对买家侮辱诽谤，应向哪个法院起诉？

📎 案例背景

快开学了，甜甜想买一个新书包。一天，甜甜在网上看到一款书包，觉得很漂亮，又便宜，便向卖家询问关于书包的情况，卖家表示质量绝对没问题。甜甜在收到货后，发现产品质量很差，就给了差评。然而，几天后，甜甜在某网站论坛上发现大量该网店店主发布的侮辱、诽谤自己的帖子。甜甜及其家人认为该店主严重侵犯了甜甜的名誉权，想起诉对方，但又不知道该向哪一家法院起诉。

🌀 学法有疑

因给卖家差评而招致卖家侮辱诽谤的，应该向哪里的法院起诉？

🌀 法律讲堂

本案中，卖家的行为属于民事侵权，侵犯了甜甜的名誉权。根据我国《民事诉讼法》第二十八条的规定，因侵权行为提起的诉讼，由侵权行为地或者被告住所地人民法院管辖。而《最高人民法院关于适用〈中华人民共和国民事诉讼法〉的解释》第二十四条又明确规定，侵权行为地包括侵权行为实施地和侵权结果发生地。因此，侵权案件中，侵权行为实施地、侵权结果发生地、被告住所地法院都有管辖权，并且管辖权没有顺序的选择限制，原告可以选择其中任一法院起诉。

由于涉嫌网络侵权的行为基本上都是通过网络服务器、计算机终端等这些设备进行的，行为人的位置变动性较大，然而他们使用设备的位置却相对固定。根据《最高人民法院关于适用〈中华人民共和国民事诉讼法〉的解释》第二十五条的规定，实施被诉侵权行为的计算机等信息设备所在地是信息网络侵权行为实施地，被侵权人住所地为侵权结果发生地。因此，原告可以在自己发现侵权内容的设备所在地的法院起诉，也可以在自己的住所地法院起诉。针对此类案件的特点确定不同的管辖，方便受害者选择法院起诉以全面保障自己的诉权，也方便法院行使管辖权和审判权。

因此，甜甜可以选择其中任意一家法院起诉。

🔍 法律条文

《中华人民共和国民事诉讼法》

第二十八条 因侵权行为提起的诉讼，由侵权行为地或者被告住所地人民法院管辖。

《最高人民法院关于适用〈中华人民共和国民事诉讼法〉的解释》

第二十四条 民事诉讼法第二十八条规定的侵权行为地，包括侵权行为实施地、侵权结果发生地。

第二十五条 信息网络侵权行为实施地包括实施被诉侵权行为的计算机等信息设备所在地，侵权结果发生地包括被侵权人住所地。

 一句话说法

网络侵权案件中，受害人除了可以按照一般侵权行为选择侵权行为实施地、侵权结果发生地、被告人住所地法院起诉，也可以将受侵权的公民、法人和其他组织的住所地和实施被诉侵权行为的计算机等信息设备所在地法院作为管辖法院。

89. 当发现食品超过保质期时，能否要求退货？

📞 案例背景

　　小莉早上上学时从小区门口的超市购买了一个面包和一袋牛奶，因着急去学校，未仔细检查保质期就匆忙离开。直到小莉准备食用面包时，她才发现面包已超过保质期一个星期了。放学后，小莉立即携带过期食品及购物小票来到超市，超市负责人表示，墙面醒目位置张贴了内容为"商品售出，概不退换"的提示语，小莉的损失是自己疏忽大意导致的，与超市无关。小莉只好自认倒霉，将过期面包扔到了垃圾桶里。

🌀 学法有疑

　　买到过期商品的小莉就真的无法维权了吗？

🌀 法律讲堂

　　小莉有权要求超市退货。经营者提供的商品或者服务必须保证其质量和保质期。消费者有权购买合格的产品，否则有权要求经营者退货、更换、修理。过期食品不符合质量保障要求，根据《消费者权益保护法》第二十四条的规定，消费者可依据具体情况选择退货，或要求经营者更换。

　　然而，超市一句"商品售出，概不退换"的提示语却将小莉拒绝在了维权的大门之外。事实上，超市的说法是没有根据的。墙面提示语从法律角度讲属于格式条款，根据《消费者权益保护法》第二十六条之规定，声明、店堂告示等格式条款中含有排除或者限制消费者权利、减轻或者免除经营者责任等内容的，其内容无效。据此，超市的"商品售出，概不退换"的提示语免除了经营者的责任，该内容是无效的。小莉可要求退货或更换商品，其法定权利不因墙面提示语的存在而消灭。

🌀 法律条文

《中华人民共和国消费者权益保护法》

　　第二十四条　经营者提供的商品或者服务不符合质量要求的，消费者可以依照国家规定、当事人约定退货，或者要求经营者履行更换、修理等义务。没有国家规定和当事人约定的，消费者可以自收到商品之日起七日内退货；七日后符合法定解除合同条件的，消费者可以及时退货，不符合法定解除合同条件的，可以要求经营者履行更换、修理等义务。

　　依照前款规定进行退货、更换、修理的，经营者应当承担运输等必要费用。

　　第二十六条　……

　　经营者不得以格式条款、通知、声明、店堂告示等方式，作出排除或者限制消费者权利、减轻或者免除经营者责任、加重消费者责任等对消费者不公平、不合理的规定，不得利用格式条款并借助技术手段强制交易。

　　格式条款、通知、声明、店堂告示等含有前款所列内容的，其内容无效。

　　店面提示语经常将消费者堵在维权大门之外，但事实上，如果这些店面提示语中含有排除或者限制消费者权利、减轻或者免除经营者责任、加重消费者责任等对消费者明显不公平、不合理的内容，则这些内容都是无效的，消费者仍旧可以要求经营者承担相应的责任。

90. 客运站有权在出售车票时搭售保险吗?

🔖 案例背景

小陈以优异的成绩考上了北京某名牌大学,一家人都替小陈感到高兴和自豪。小陈家在唐山,由于唐山距离北京比较近,小陈选择坐客车前往北京。小陈去当地的汽车客运站买票时,明明大厅上的票价是 78 元,售票员却直接收了他 80 元。原来,售票员没有询问小陈,就将价值 1 元至 2 元不等的保险搭着车票一起卖给了小陈。

🌀 学法有疑

汽车客运站售票员的这种做法符合法律规定吗?

🌀 法律讲堂

按照《消费者权益保护法》第四条、第九条的有关规定,车票附加保险销售必须自愿,经营者不得强行要求消费者接受搭售保险。因此,车站搭售保险的行为违背了公平交易的原则,侵犯了消费者的选择权。乘客若遇强售保险的行为,可以拒绝车站搭售保险,也可以向当地的工商部门举报。本案中,汽车客运站售票员的做法明显违反了法律规定。小陈可以自愿选择是否购买保险,售票员不得强制将保险搭售给小陈。

🌊 法律条文

《中华人民共和国消费者权益保护法》

第四条　经营者与消费者进行交易,应当遵循自愿、平等、公平、诚实信用的原则。

第九条第一款　消费者享有自主选择商品或者服务的权利。

经营者与消费者在进行交易时，应当遵循公平自愿的原则，无论买还是卖，都应当出自双方当事人的真实意思表示，经营者不得强制消费者购买商品或者接受服务；而消费者也不得强行要求经营者将商品或者服务卖给自己。

第**8**章 与青少年有关的 交通法律知识

91. 对交通事故损害赔偿有争议，能否不经调解而直接向法院起诉？

既然达不成协议，我们直接向法院起诉吧。

可是我们可以直接就向法院起诉吗？

📞 案例背景

　　小花上初中二年级了，每天天刚亮就去上学，总是第一个到教室帮同学们打扫卫生。周二的早上，天刚蒙蒙亮并且下起了雨，小花还是一如既往地早早去上学，在途中却被一辆小轿车撞伤，住院治疗花了两万多元，还耽误了一个多月的课。事故责任书认定小轿车车主王某负事故全部责任，小花无责任。小花父母与王某就赔偿数额协商未果，小花父母想通过法院解决此事。

🌀 学法有疑

请问，小花父母可以不经调解直接起诉王某吗？

🌀 法律讲堂

根据我国《道路交通安全法》第七十四条的规定，针对交通事故损害赔偿存在争议的，当事人既可以请求公安机关交管部门进行调解，调解不成再进行起诉，也可以直接就损害赔偿争议向法院提起诉讼。也就是说，在交通事故损害赔偿问题上，调解不是诉讼的前置程序，由公安机关交通管理部门调解赔偿，不是交通事故双方当事人争议解决的必经程序，是否调解由当事人自己决定，而不是公安机关交通管理部门依职权的行为。所以本案中，小花父母对交通事故损害赔偿的争议，是可以直接起诉的。

🌐 法律条文

《中华人民共和国道路交通安全法》

第七十四条第一款　对交通事故损害赔偿的争议，当事人可以请求公安机关交通管理部门调解，也可以直接向人民法院提起民事诉讼。

一句话说法

交通事故的责任认定与损害赔偿是两个不同的问题。对于责任的认定问题，由公安机关交通管理部门作出；而对于是否赔偿、赔偿数额、赔偿方式等相关问题，属于民事法律关系范畴，当事人可以自己决定是由交管部门调解，还是直接提起诉讼。

92. 因公路上堆放废弃物引发交通事故，道路管理部门需要承担什么责任？

路上堆放废弃物应该是道路管理局的失职，我们可不可以要求他们承担赔偿责任？

我们因为路上堆放的废弃物才发生车祸，怎么这么倒霉？

📞 **案例背景**

　　5月20日是阳阳10周岁的生日，父母为了给孩子过一个难忘的生日，决定带阳阳到外地去旅游。周末一大早，阳阳的父亲张某亲自驾车带着家人外出，途经一陌生路段，由于对路况不熟悉，他们的车撞到路上堆放的废弃物而发生了交通事故，致使一家三口受伤，汽车严重受损。经交警队事故认定，事故主要是由堆放在路上的废弃物所致，张某对此次事故负次要责任。后张某为维护权益，将该路段的道路管理局告上法庭，要求其承担赔偿责任。

学法有疑

请问，法院会支持张某的请求吗？

法律讲堂

根据《最高人民法院关于审理道路交通事故损害赔偿案件适用法律若干问题的解释》第七条的规定，因道路管理维护缺陷导致机动车发生交通事故造成损害，当事人请求道路管理者承担相应赔偿责任的，人民法院应予支持。但道路管理者能够证明已经依照法律、法规、规章的规定，或者按照国家标准、行业标准、地方标准的要求尽到安全防护、警示等管理维护义务的除外。依法不得进入高速公路的车辆、行人，进入高速公路发生交通事故造成自身损害，当事人请求高速公路管理者承担赔偿责任的，适用《民法典》第一千二百四十三条的规定。本案中，由于道路管理局未及时清扫堆积在路面上的废弃物，且未设置警示标志，造成公路不畅通，致使张某一家人受伤，车辆受损，道路管理局对此负有过错责任，故道路管理局应承担此事的赔偿责任，法院会依法支持张某的请求。

法律条文

《最高人民法院关于审理道路交通事故损害赔偿案件适用法律若干问题的解释》

第七条　因道路管理维护缺陷导致机动车发生交通事故造成损害，当事人请求道路管理者承担相应赔偿责任的，人民法院应予支持。但道路管理者能够证明已经依照法律、法规、规章的规定，或者按照国家标准、行业标准、地方标准的要求尽到安全防护、警示等管理维护义务的除外。

依法不得进入高速公路的车辆、行人，进入高速公路发生交通事故造成自身损害，当事人请求高速公路管理者承担赔偿责任的，适用民法典第一千二百四十三条的规定。

　　道路是用来通行的，任何人不得随意在道路上堆放、倾倒物品，因此造成他人损害的必须承担赔偿责任。而道路管理部门应当负责道路通行的顺畅，如果因道路管理部门没有尽到法定的清理、防护、警示义务而造成他人损害的，道路管理部门就应当承担赔偿责任。

93. 电动自行车在非机动车道行驶时，最高时速为多少？

案例背景

1月3日是小强18岁的生日。生日那天，父母为小强举行了成人礼晚会。小强的亲朋好友都来给他祝贺，还都给他送了生日礼物。由于小强不在学校住宿，家附近也没有方便的公交车，为了让小强在上学路上不耽误时间，小强叔叔给其买了一辆电动自行车作为生日礼物。由于玩的时间太长，小强那天睡得非常晚，结果第二天早上起晚了，为了上课不迟到，小强直接骑上叔叔送的电动自行车，加足马力，在非机动车道上向学校急驶而去。

学法有疑

电动车在非机动车道行驶有最高时速限制吗？

法律讲堂

　　小强驾驶电动自行车在非机动车道上行驶，最高时速不得超过15公里。根据《道路交通安全法》第五十七条、第五十八条的规定，驾驶非机动车在道路上行驶应当遵守有关交通安全的规定。非机动车应当在非机动车道内行驶；在没有非机动车道的道路上，应当靠车行道的右侧行驶。残疾人机动轮椅车、电动自行车在非机动车道内行驶时，最高时速不得超过15公里。同时，《道路交通安全法实施条例》第七十条更详细地规定了非机动车的行驶标准。按照上述规定，小强当然可以骑自己的电动车，但应当遵守相关交通安全的规定，在非机动车道行驶的时速不得超过15公里。

法律条文

《中华人民共和国道路交通安全法》

　　第五十七条　驾驶非机动车在道路上行驶应当遵守有关交通安全的规定。非机动车应当在非机动车道内行驶；在没有非机动车道的道路上，应当靠车行道的右侧行驶。

　　第五十八条　残疾人机动轮椅车、电动自行车在非机动车道内行驶时，最高时速不得超过十五公里。

《中华人民共和国道路交通安全法实施条例》

　　第七十条　驾驶自行车、电动自行车、三轮车在路段上横过机动车道，应当下车推行，有人行横道或者行人过街设施的，应当从人行横道或者行人过街设施通过；没有人行横道、没有行人过街设施或者不便使用行人过街设施的，在确认安全后直行通过。

　　因非机动车道被占用无法在本车道内行驶的非机动车，可以在受阻的路段借用相邻的机动车道行驶，并在驶过被占用路段后迅速驶回非机动车道。机动车遇此情况应当减速让行。

机动车道车辆行驶速度相对较快，驾驶自行车、电动车等非机动车在机动车道行驶时，一定要遵守道路交通安全规定。非机动车辆因故需要在机动车道内行驶时，必须靠右侧慢行，确保车辆和人员的安全。

94. 非机动车经过有红绿灯的十字路口时需要注意的事项有哪些?

🔖 **案例背景**

　　由于学校离家比较近,小明每天都是步行上下学。自从升入高三后,小明学习越来越紧,小明的父母就给小明买了一辆自行车。于是,小明每天骑自行车上下学。某天早上,小明起床晚了,于是飞快地骑着自行车,但是,在经过一个十字路口时恰好碰到红灯,小明很着急,想闯红灯。

🌀 学法有疑

小明骑自行车经过有红绿灯的十字路口时应注意什么？

🌀 法律讲堂

小明应该严格遵守交通规则，不能闯红灯。根据《道路交通安全法实施条例》第六十八条的规定，非机动车通过有交通信号灯控制的交叉路口，遇有停止信号时，应当依次停在路口停止线以外；没有停止线的，停在路口以外。小明因着急而想闯红灯，明显不符合上述规定。小明应该遵守交通秩序，注意安全，等待放行信号灯亮起后再骑行。

🌀 法律条文

《中华人民共和国道路交通安全法实施条例》

第六十八条 非机动车通过有交通信号灯控制的交叉路口，应当按照下列规定通行：

（一）转弯的非机动车让直行的车辆、行人优先通行；

（二）遇有前方路口交通阻塞时，不得进入路口；

（三）向左转弯时，靠路口中心点的右侧转弯；

（四）遇有停止信号时，应当依次停在路口停止线以外。没有停止线的，停在路口以外；

（五）向右转弯遇有同方向前车正在等候放行信号时，在本车道内能够转弯的，可以通行；不能转弯的，依次等候。

一句话说法

在道路上通行就要遵守道路交通安全法律法规。无论是机动车辆还是非机动车辆，在道路上通行时，都应当遵守规则，确保安全，务必做到多看、慢行。

95. 行人能否跨越隔离带横穿马路?

可是你们的孩子横穿马路，也是有错的。

他撞死了我们的孩子，我们要让他承担所有的责任。

📞 案例背景

晨晨 15 岁了，正在读初中二年级。他从小就非常淘气，让老师和父母都非常头疼。某个周日晚上，晨晨到马路对面的超市买东西。正常情况下，过马路需要走地下通道，但是，晨晨觉得走地下通道太麻烦，认为晚上车辆少，没什么危险，为了抄近路，晨晨选择跨越隔离带横穿马路。但是，当晨晨走到马路中间时，一辆汽车飞驰而来，将他撞飞。由于车速快，晨晨当场死亡。

🌀 学法有疑

行人可以跨越隔离带横穿马路吗?

法律讲堂

一般情况下，隔离带都是由交通管理部门设置的起到隔离两侧道路作用的防护设施。设立隔离带是为了更好地规范城市交通秩序。晨晨为了节省时间不愿绕道走地下通道，而是直接越过马路中间的隔离带，违反了道路交通规则，很容易发生交通事故。根据《道路交通安全法》第六十三条的规定，行人不得跨越、倚坐道路隔离设施，不得扒车、强行拦车或者实施妨碍道路交通安全的其他行为。由此可见，行人是不能跨越马路中间的隔离带的，晨晨违反了法律规定，翻越隔离带，被急速的过往车辆所撞，丧失了自己的生命。由于晨晨也有过错，因此也应当负一部分责任。

法律条文

《中华人民共和国道路交通安全法》

第六十三条　行人不得跨越、倚坐道路隔离设施，不得扒车、强行拦车或者实施妨碍道路交通安全的其他行为。

第七十六条　机动车发生交通事故造成人身伤亡、财产损失的，由保险公司在机动车第三者责任强制保险责任限额范围内予以赔偿；不足的部分，按照下列规定承担赔偿责任：

（一）机动车之间发生交通事故的，由有过错的一方承担赔偿责任；双方都有过错的，按照各自过错的比例分担责任。

（二）机动车与非机动车驾驶人、行人之间发生交通事故，非机动车驾驶人、行人没有过错的，由机动车一方承担赔偿责任；有证据证明非机动车驾驶人、行人有过错的，根据过错程度适当减轻机动车一方的赔偿责任；机动车一方没有过错的，承担不超过百分之十的赔偿责任。

交通事故的损失是由非机动车驾驶人、行人故意碰撞机动车造成的，机动车一方不承担赔偿责任。

　　道路隔离带有美化城市环境的作用，但其最重要的作用是隔离道路上对向而来的车辆和行人横跨道路。如果行人私自跨越道路隔离设施，不但属于违法行为，也可能会因此引发交通事故，给自己带来无法挽回的后果。

96. 行人违反道路交通安全法时，会被罚款吗?

🔍 案例背景

形形是某校初中一年级的学生。某日，形形和父亲去看望生病的爷爷，因为着急，当父女二人步行至某十字路口时，没有按照交通指示灯的指示停止前行，反而从机动车道穿行，因此被执勤交警拦下。交警对形形父女俩进行了教育，并对他们作出罚款处罚，但形形认为不应当对自己进行处罚，自己仅仅是走了近路，并未影响交通。

🌀 学法有疑

行人如果违反道路交通规则，是否会被罚款?

🌀 法律讲堂

我国《道路交通安全法实施条例》第七十四条、第七十五条均对行人的道路交通安全规则作出了相关规定，例如应当从行人过街设施（人行道、天桥等）通过机动车道，等等。行人必须遵守规定，违反者将承担一定的法律后果。同时，我国《道路交通安全法》第八十九条规定，行人、乘车人、非机动车驾驶人违反道路交通安全法律、法规关于道路通行规定的，处警告或者5元以上50元以下罚款；非机动车驾驶人拒绝接受罚款处罚的，可以扣留其非机动车。因此，在本案中对于形形父女，交警有权对其罚款。

🌐 法律条文

《中华人民共和国道路交通安全法实施条例》

第七十四条　行人不得有下列行为:

（一）在道路上使用滑板、旱冰鞋等滑行工具;

（二）在车行道内坐卧、停留、嬉闹;

（三）追车、抛物击车等妨碍道路交通安全的行为。

第七十五条　行人横过机动车道，应当从行人过街设施通过；没有行人过街设施的，应当从人行横道通过；没有人行横道的，应当观察来往车辆的情况，确认安全后直行通过，不得在车辆临近时突然加速横穿或者中途倒退、折返。

《中华人民共和国道路交通安全法》

第八十九条　行人、乘车人、非机动车驾驶人违反道路交通安全法律、法规关于道路通行规定的，处警告或者五元以上五十元以下罚款；非机动车驾驶人拒绝接受罚款处罚的，可以扣留其非机动车。

行人不按照道路交通安全规定通行也是造成交通事故多发的原因之一。因此，为了减少交通事故，规范行人的通行，我国法律明确规定行人违反道路交通安全规定的，可以处警告或者5元以上50元以下的罚款。

97. 法律对酒驾行为规定了哪些处罚?

🔖 案例背景

琳琳的父亲是某公司的总裁,由于工作的原因,经常需要陪客户喝酒。某天晚上 11 时左右,经群众举报,交警发现一辆跑车停在上海市某区某路口,严重影响来往车辆以及行人的通行。交警上前查证,原来司机就是琳琳的父亲,他已经趴在方向盘上睡着了,车里满是酒味。交警将琳琳父亲唤醒后,用酒精测试仪测试,发现其已超过了醉酒的标准。

🌀 学法有疑

对于饮酒后驾车行为,我国法律都规定了哪些处罚措施?

🌀 法律讲堂

近年来,我国对于饮酒后驾车的行为加大了打击力度,这与饮酒后驾驶机动车所带来的严重后果有很大关联。根据《道路交通安全法》第九十一条的规定,饮酒后驾驶机动车的,暂扣 6 个月机动车驾驶证,并处 1000 元以上 2000 元以下罚款。因饮酒后驾驶机动车被处罚,再次饮酒后驾驶机动车的,处 10 日以下拘留,并处 1000 元以上 2000 元以下罚款,吊销机动车驾驶证。同时,为了严厉打击饮酒后驾车的行为,我国《刑法》第一百三十三条之一明确规定,醉酒驾驶机动车的,处拘役,并处罚金。因醉酒驾驶机动车,同时构成其他犯罪的,依照处罚较重的犯罪定罪处罚。

本案中,琳琳的父亲属于醉酒驾驶机动车,应由公安机关交通管理部门约束至酒醒,吊销机动车驾驶证,依法追究刑事责任;5 年内不得重新取得机动车驾驶证。

法律条文

《中华人民共和国道路交通安全法》

第九十一条 饮酒后驾驶机动车的，处暂扣六个月机动车驾驶证，并处一千元以上二千元以下罚款。因饮酒后驾驶机动车被处罚，再次饮酒后驾驶机动车的，处十日以下拘留，并处一千元以上二千元以下罚款，吊销机动车驾驶证。

醉酒驾驶机动车的，由公安机关交通管理部门约束至酒醒，吊销机动车驾驶证，依法追究刑事责任；五年内不得重新取得机动车驾驶证。

饮酒后驾驶营运机动车的，处十五日拘留，并处五千元罚款，吊销机动车驾驶证，五年内不得重新取得机动车驾驶证。

醉酒驾驶营运机动车的，由公安机关交通管理部门约束至酒醒，吊销机动车驾驶证，依法追究刑事责任；十年内不得重新取得机动车驾驶证，重新取得机动车驾驶证后，不得驾驶营运机动车。

饮酒后或者醉酒驾驶机动车发生重大交通事故，构成犯罪的，依法追究刑事责任，并由公安机关交通管理部门吊销机动车驾驶证，终生不得重新取得机动车驾驶证。

《中华人民共和国刑法》

第一百三十三条之一 在道路上驾驶机动车，有下列情形之一的，处拘役，并处罚金：

（一）追逐竞驶，情节恶劣的；

（二）醉酒驾驶机动车的；

（三）从事校车业务或者旅客运输，严重超过额定乘员载客，或者严重超过规定时速行驶的；

（四）违反危险化学品安全管理规定运输危险化学品，危及公共安全的。

机动车所有人、管理人对前款第三项、第四项行为负有直接责任的，依照前款的规定处罚。

有前两款行为，同时构成其他犯罪的，依照处罚较重的规定定罪处罚。

一句话说法

　　"喝酒不开车，开车不喝酒"，这不单是对司机朋友们的善意提醒，更是法律的强制规定。饮酒后驾驶机动车的，轻则违反《道路交通安全法》，受到暂扣或吊销机动车驾驶证，并处罚款或拘留的行政处罚；重则可能触犯《刑法》，需要承担拘役、罚款，甚至更重的刑事责任。

　　而且，醉酒驾车对自身的安全也会造成严重威胁。作为儿女，青少年应提醒父母不要酒驾。若自己考取了驾驶证，也要严格遵守交通规则。

98. 10 周岁的孩子能否乘坐摩托车后座?

孩子坐在摩托车的后座也不行吗? 况且我已经用围巾把他绑上了。

你骑摩托车搭载10周岁的孩子是违法的, 要交100元罚款。

🔵 案例背景

　　春节时, 小军的父亲骑着一辆摩托车带 10 岁的小军去看望在老家的爷爷奶奶。当要准备回自己家的时候, 小军哭闹着说什么也不走。小军父亲无奈之下, 用自己的长围巾把儿子绑在了摩托车的后座上。小军父亲经过一个路口时, 被交警拦了下来, 称小军的父亲因搭载未满 12 周岁的未成年人, 应被处以 100 元罚款。

🔵 学法有疑

　　请问摩托车后座可以带孩子吗?

法律讲堂

本案中，交警的处罚正确，小军父亲的摩托车后座不应该载不满12周岁的小孩子。根据《道路交通安全法》第五十一条的规定，机动车行驶时，驾驶人、乘坐人员应当按规定使用安全带，摩托车驾驶人及乘坐人员应当按规定戴安全头盔。同时《道路交通安全法实施条例》第五十五条第三项规定，摩托车后座不得乘坐未满12周岁的未成年人，轻便摩托车不得载人。《道路交通安全法》第九十条明确规定，机动车驾驶人违反道路交通安全法律、法规关于道路通行规定的，处警告或者20元以上200元以下罚款。

本案中的小军刚刚10岁，不满12周岁，根据规定不能乘坐在摩托车的后座。摩托车的安全性没有汽车好，未满12周岁的儿童自身安全保护意识还比较弱，因此，为保障儿童的安全，小军父亲不得让小军乘坐在摩托车后座。交警发现小军父亲的行为违反道路交通安全法规，有权予以制止，并对其进行罚款。

法律条文

《中华人民共和国道路交通安全法》

第五十一条　机动车行驶时，驾驶人、乘坐人员应当按规定使用安全带，摩托车驾驶人及乘坐人员应当按规定戴安全头盔。

第九十条　机动车驾驶人违反道路交通安全法律、法规关于道路通行规定的，处警告或者二十元以上二百元以下罚款。本法另有规定的，依照规定处罚。

《中华人民共和国道路交通安全法实施条例》

第五十五条　机动车载人应当遵守下列规定：

……

（三）摩托车后座不得乘坐未满12周岁的未成年人，轻便摩托车不得载人。

一句话说法

　　儿童心智尚未发育成熟，自身的安全保护意识还比较弱，因此，法律特别强调搭载儿童乘车时的一些注意事项。比如，婴幼儿不得坐在副驾驶，婴幼儿乘车出行必须有安全座椅，摩托车后座不得乘坐不满 12 周岁的儿童等。

99. 乘坐小型客车能否不系安全带?

📞 案例背景

　　暑假期间，乐乐的父亲驾车带着一家人到海边玩。上车后，乐乐的父亲就自觉地系好了安全带，坐在副驾驶上的乐乐认为父亲开车技术娴熟，所以没有系安全带。行车途中，遇到一个急转弯，由于转弯时乐乐父亲没有看到迎面而来的车，导致与前边的车辆发生碰撞。由于冲撞突然，没有系安全带的乐乐立即向前冲去，导致额头严重受伤。

🌀 学法有疑

　　那么，乘坐小型客车必须系安全带吗?

🌀 法律讲堂

　　尽管我们知道机动车都会配备安全带，但是有些人并未将系上安全带看作一项在行车前必须要做的事情，有人嫌麻烦，有人嫌不舒服，甚至有人故意将安全带警报器损坏，以避免其不断提醒驾驶人员和乘坐人员。所有这些不系安全带的行为，不仅是对自身和乘车人安全的不负责任，也是对道路交通安全法律法规的漠视。根据《公安部关于驾驶和乘坐小型客车必须使用安全带的通告》的规定，为了有效地减轻交通事故对机动车驾驶员和乘车人造成的人身伤害，保障交通安全，从 1993 年 7 月 1 日起，上路行驶的小型客车驾驶员和前排座乘车人都必须使用安全带。在本案中，乐乐应该主动系上安全带。乐乐如果系上了安全带，也许受到的向前的冲击力就不会那么大，也就不会造成头部受伤。

🌐 法律条文

《公安部关于驾驶和乘坐小型客车必须使用安全带的通告》

　　为了有效地减轻交通事故对机动车驾驶员和乘车人造成的人身

伤害，保障交通安全，决定从 1993 年 7 月 1 日起，上路行驶的小型客车驾驶员和前排座乘车人都必须使用安全带。

......

二、自本通告公布之日起，凡已装备安全带的小型客车在行驶时，驾驶员和前排座乘车人应当使用安全带。

三、自 1993 年 7 月 1 日起，所有小型客车在行驶时，驾驶员和前排座乘车人都必须使用安全带，违者对驾驶员处以警告或者 5 元罚款。对于没有装备安全带的车辆，公安机关不予核发牌证或者不准在道路上行驶。

一句话说法

机动车内配置的安全带并非简单的装饰品，它是用来保护驾驶员和乘车人的。系好安全带，可以减少发生交通事故时对车内人员的冲击，减轻对自己的伤害。因此，为了个人的人身、财产安全，驾驶和乘坐机动车时，一定要系好安全带。

100. 驾驶员可以一边驾车一边接打电话吗?

🔍 案例背景

星期日下午,梦梦的爸爸王某驾车送梦梦去学校,经过一个路口时,王某的手机响了起来,但他正要接电话时,被坐在一旁的梦梦制止了。她告诉爸爸,开车不能接打电话,安全最重要,否则可能会造成交通事故。

🌀 学法有疑

梦梦的说法正确吗?机动车驾驶人可以在驾驶机动车时接打电话吗?

🌀 法律讲堂

梦梦的说法是正确的,王某在驾驶机动车时不能接打电话。为了保障驾驶人员自身的安全和其他人员的安全,驾驶员不得在驾驶机动车时接打电话,也不得吸烟、饮酒。根据《道路交通安全法实施条例》第六十二条的规定,驾驶机动车不得有拨打接听手持电话、观看电视等妨碍安全驾驶的行为。王某的手机响了,他可以靠边停车后再接听,不能一边开车,一边接听电话。

🌀 法律条文

《中华人民共和国道路交通安全法实施条例》

第六十二条　驾驶机动车不得有下列行为:

(一)在车门、车厢没有关好时行车;

(二)在机动车驾驶室的前后窗范围内悬挂、放置妨碍驾驶人视线的物品;

(三)拨打接听手持电话、观看电视等妨碍安全驾驶的行为;

……

一句话说法

　　驾驶机动车在道路上行驶时，应当小心谨慎，避免一切可能影响安全驾驶的行为。拨打接听手持电话、观看电视等行为妨碍了安全驾驶，甚至可能会引发交通肇事，因此，法律严禁这些行为。如果确有需要拨打、接听手持电话，应当先靠边停车。

101. 没有驾驶证能否驾驶车辆上路?

📞 案例背景

　　小金非常喜欢车,前不久,刚过完18岁生日的小金就向父母要求学车。父母听完后表示同意,于是,小金开始在当地一家驾驶员培训学校接受驾驶技术培训。因为学校学习人员众多,每天轮到自己驾车学习的时间非常少,小金便将自家的机动车开到市区周边人少的道路上进行练习。某日小金在某路段独自练习开车时被交警拦下,告知其已违法驾驶,并予以处罚。

🌀 学法有疑

　　小金这样的行为是违法的吗? 他可以驾车上路吗?

🌀 法律讲堂

　　小金没有取得驾驶证就独自驾驶车辆上路的行为是违法的。机动车驾驶证也就是我们俗称的"驾照",是依照法律规定机动车驾驶人员必须要申领的证照。

　　根据《道路交通安全法实施条例》第二十条的规定,尚未取得机动车驾驶证,需要进行驾驶技能培训的学员,不得单独驾驶机动车上路,学员学习时必须有教练员的指导和陪同。所以,小金在没有取得驾驶证之前,应当在教练员的指导和陪同下驾驶机动车,而不可以单独驾驶车辆上路行驶。

🌀 法律条文

《中华人民共和国道路交通安全法》

第十九条　驾驶机动车,应当依法取得机动车驾驶证。

……

驾驶人应当按照驾驶证载明的准驾车型驾驶机动车;驾驶机动

车时，应当随身携带机动车驾驶证。

......

第二十条第二款 驾驶培训学校、驾驶培训班应当严格按照国家有关规定，对学员进行道路交通安全法律、法规、驾驶技能的培训，确保培训质量。

《中华人民共和国道路交通安全法实施条例》

第十九条 符合国务院公安部门规定的驾驶许可条件的人，可以向公安机关交通管理部门申请机动车驾驶证。

机动车驾驶证由国务院公安部门规定式样并监制。

第二十条 学习机动车驾驶，应当先学习道路交通安全法律、法规和相关知识，考试合格后，再学习机动车驾驶技能。

在道路上学习驾驶，应当按照公安机关交通管理部门指定的路线、时间进行。在道路上学习机动车驾驶技能应当使用教练车，在教练员随车指导下进行，与教学无关的人员不得乘坐教练车。学员在学习驾驶中有道路交通安全违法行为或者造成交通事故的，由教练员承担责任。

一句话说法

机动车驾驶属于一项技能，必须通过国家规定的技能考试，才能获得机动车驾驶证，才能单独驾驶车辆上路。学习机动车驾驶的学员尚未取得该证照，上路行驶必须按照交通管理部门指定的路线、时间，在教练员随车指导下进行。

102. 学员在学车过程中发生交通事故，驾校是否应当承担赔偿责任？

案例背景

圆圆的哥哥已经 18 岁了，高中毕业后，想在上大学前学会开车。某日，在学习道路行驶时，圆圆的哥哥按照教练要求上路行驶，但是由于技术不太熟练，与前车距离过近，准备减速行驶时，却踩了油门，将站在路边等候学习的孟某撞伤。经过医院治疗，孟某住院费花去了将近 1 万元，孟某要求驾校赔偿，驾校予以拒绝。

学法有疑

学员在学车过程中发生交通事故致人损伤，驾校是否应当承担赔偿责任？

法律讲堂

根据民法的基本原则，一般应当是谁侵权谁赔偿，但学习机动车驾驶技能的学员具有一定的特殊性，因此对其侵权后责任的承担问题，法律作出了特别规定。根据《道路交通安全法实施条例》第二十条第二款之规定，学员在学习驾驶中有道路交通安全违法行为或者造成交通事故的，由教练员承担责任。同时，根据《民法典》第一千一百九十一条的规定，教练员按照用人单位安排指导学员驾驶时，造成他人损害的，由用人单位承担赔偿责任。

同时，《最高人民法院关于审理道路交通事故损害赔偿案件适用法律若干问题的解释》第五条规定，接受机动车驾驶培训的人员，在培训活动中驾驶机动车发生交通事故造成损害，属于该机动车一方责任，当事人请求驾驶培训单位承担赔偿责任的，人民法院应予支持。也就是说，应当由驾驶培训单位承担赔偿责任。

本案中，圆圆的哥哥作为驾校学员，其在学习驾驶技术过程中发生交通事故，造成另一学员孟某伤害的赔偿责任，应先由保险公司在交强险范围内赔付，剩余部分由驾校承担赔偿责任。

法律条文

《中华人民共和国道路交通安全法实施条例》

第二十条第二款　在道路上学习驾驶，应当按照公安机关交通管理部门指定的路线、时间进行。在道路上学习机动车驾驶技能应当使用教练车，在教练员随车指导下进行，与教学无关的人员不得乘坐教练车。学员在学习驾驶中有道路交通安全违法行为或者造成交通事故的，由教练员承担责任。

《中华人民共和国民法典》

第一千一百九十一条第一款 用人单位的工作人员因执行工作任务造成他人损害的，由用人单位承担侵权责任。用人单位承担侵权责任后，可以向有故意或者重大过失的工作人员追偿。

《最高人民法院关于审理道路交通事故损害赔偿案件适用法律若干问题的解释》

第五条 接受机动车驾驶培训的人员，在培训活动中驾驶机动车发生交通事故造成损害，属于该机动车一方责任，当事人请求驾驶培训单位承担赔偿责任的，人民法院应予支持。

 一句话说法

接受机动车驾驶培训的学员还不具备相应的安全驾驶技能，其在培训学习过程中必须有教练员的指导和陪同，因此，其在培训活动中发生交通事故，教练员是有不可推卸的责任的，教练员和培训机构应当对此承担侵权责任。

103. 购车时在试乘的途中发生了交通事故，责任由谁承担？

✎ 案例背景

某天，小丁与父亲一起到 4S 店去买车，小丁一眼就看中了一款新车，于是就向销售人员提出了试乘要求。但在试乘的途中发生了交通事故，致使小丁额头撞伤。事故发生后，小丁向汽车体验店提出赔偿要求，但该店负责人认为小丁在试乘过程中太过吵闹，干扰销售人员的驾驶，才导致交通事故发生，自己不应承担责任。后小丁将该店告上法庭。

🌀 学法有疑

顾客在试乘途中发生交通事故受伤，汽车销售店需要承担赔偿责任吗？

🌀 法律讲堂

根据《最高人民法院关于审理道路交通事故损害赔偿案件适用法律若干问题的解释》第六条的规定可知，顾客在试乘的过程中发生交通事故，汽车销售店是需要承担赔偿责任的。当然，如果汽车销售店能证明顾客对事故的发生存在过错，应当减轻汽车销售店的赔偿责任。在这一点上，法律规定充分体现了过错责任原则。

具体到本案中，无论小丁对此次事故的发生是否存在过错，该汽车体验店均需要承担赔偿责任。区别是，如该店能提供证据证明小丁在试乘过程中存在过错，是可以减轻其赔偿责任的。

🌀 法律条文

《最高人民法院关于审理道路交通事故损害赔偿案件适用法律若干问题的解释》

第六条 机动车试乘过程中发生交通事故造成试乘人损害,当事人请求提供试乘服务者承担赔偿责任的,人民法院应予支持。试乘人有过错的,应当减轻提供试乘服务者的赔偿责任。

提供试乘服务的机构不但应当保证试乘车辆的安全,也应当对试乘人员的安全负责。试乘人员在试乘过程中,非因本人过错造成交通事故损害的,本人不承担损害赔偿责任;本人存在过错的,应当适当减轻提供试乘服务机构的责任。

104. 坐车时能否向窗外扔垃圾?

📞 案例背景

玲玲8岁了,正在读小学三年级。某个周末,玲玲跟随爸爸妈妈、爷爷奶奶自驾车到郊外旅游。一家人行驶在畅通无阻的高速公路上,心情非常愉快,玲玲和妈妈在车里边聊天边吃零食。玲玲的妈妈不想把垃圾留在车里,正想随手扔出窗外的时候,被玲玲制止了。玲玲对妈妈说,不能向车外扔东西,会给环卫工人带来麻烦的。

🌀 学法有疑

坐车时可以向窗外扔垃圾吗?

🌀 法律讲堂

在急速行驶的汽车内或者其他交通工具内,向车外扔东西的行为,不仅破坏了环境卫生,也不利于车辆的行驶安全,还会影响其他车辆的正常通行。玲玲的妈妈不应该把垃圾扔出窗外,这种行为是要受到处罚的。根据《道路交通安全法》第六十六条的规定,乘车人不得携带易燃易爆等危险物品,不得向车外抛洒物品,不得有影响驾驶人安全驾驶的行为。因此,玲玲的妈妈不得向车外抛洒物品,这种行为不仅会破坏环境,给清扫道路的环卫工人带来麻烦,还违反法律规定,影响交通秩序。

🌊 法律条文

《中华人民共和国道路交通安全法》

第六十六条 乘车人不得携带易燃易爆等危险物品,不得向车外抛洒物品,不得有影响驾驶人安全驾驶的行为。

一句话说法

　　向车外抛洒物品，不仅会影响环境，而且可能影响道路上其他车辆的安全驾驶，甚至可能危害自己乘坐车辆的安全。因此，乘车人应当文明乘车，不得做出影响驾驶人安全驾驶的行为。

105. 能否在没有限速的路段飙车?

🎣 案例背景

赵某刚满 19 岁,上大学后经常吃喝玩乐,不注重学业。某个周末晚上,因为没有课,赵某决定找几个朋友出来聚聚。酒足饭饱后,赵某和朋友张某一人开了一辆车返回。路上很清静,大家这时情绪高涨,两车人较劲儿,比赛看谁先到目的地。赵某和张某见路上无人,这段路又是没有限速的路段,就相互追赶飙车。

🌀 学法有疑

赵某和张某是否违反《道路交通安全法》?

🌀 法律讲堂

车辆在道路行驶时应当将车速控制在一定的范围内,在道路标示的最高时速内行驶。在没有限速标志的路段,应当保持安全车速。所以,即使路段没有限速,赵某、张某二人也不应该超速行驶,更不该飙车。飙车属于危险驾驶,对自己、他人都易造成危害。根据《道路交通安全法》第四十二条的规定,机动车上道路行驶,不得超过限速标志标明的最高时速。在没有限速标志的路段,应当保持安全车速。夜间行驶或者在容易发生危险的路段行驶,以及遇有沙尘、冰雹、雨、雪、雾、结冰等气象条件时,应当降低行驶速度。因此,赵某和张某在不限速路段驾车相互追赶,进行飙车,违反了《道路交通安全法》的规定。

同时,根据《刑法》第一百三十三条之一的规定,在道路上驾驶机动车,追逐竞驶,情节恶劣的,处拘役,并处罚金。因此,赵某、张某二人的行为不但违反了《道路交通安全法》的规定,也违反了我国《刑法》的规定,涉嫌犯罪,赵某和张某应负相应的法律责任。

法律条文

《中华人民共和国道路交通安全法》

第四十二条 机动车上道路行驶，不得超过限速标志标明的最高时速。在没有限速标志的路段，应当保持安全车速。

夜间行驶或者在容易发生危险的路段行驶，以及遇有沙尘、冰雹、雨、雪、雾、结冰等气象条件时，应当降低行驶速度。

《中华人民共和国刑法》

第一百三十三条之一 在道路上驾驶机动车，有下列情形之一的，处拘役，并处罚金：

（一）追逐竞驶，情节恶劣的；

（二）醉酒驾驶机动车的；

……

一句话说法

在道路上驾驶机动车，必须严格遵守道路交通安全法规，否则不但会因为违法而受到行政处罚，也可能因此被追究刑事责任。

图书在版编目（CIP）数据

青少年法律看图一点通/维权帮著.—北京：中国法制
出版社，2020.12

（看图学法）

ISBN 978 - 7 - 5216 - 1517 - 3

Ⅰ.①青…　Ⅱ.①维…　Ⅲ.①法律 - 中国 - 青少年读物
Ⅳ.①D920.5

中国版本图书馆 CIP 数据核字（2020）第 249632 号

策划编辑：杨　智
责任编辑：杨　智　冯　运　　　　　　　封面设计：杨泽江

青少年法律看图一点通

QINGSHAONIAN FALÜ KAN TU YIDIANTONG

著者/维权帮
经销/新华书店
印刷/三河市国英印务有限公司
开本/880 毫米×1230 毫米　32 开　　　　印张/ 8　字数/ 139 千
版次/2020 年 12 月第 1 版　　　　　　　2020 年 12 月第 1 次印刷

中国法制出版社出版

书号 ISBN 978 - 7 - 5216 - 1517 - 3　　　　　　定价：32.80 元

北京西单横二条 2 号
邮政编码 100031　　　　　　　　　　传真：010 - 66031119
网址：http：//www.zgfzs.com　　　　编辑部电话：010 - 66038703
市场营销部电话：010 - 66033393　　　邮购部电话：010 - 66033288

（如有印装质量问题，请与本社印务部联系调换。电话：010 - 66032926）